101 COISAS QUE NÃO ME CONTARAM ANTES DO CASAMENTO

LINDA E CHARLIE BLOOM

101 COISAS QUE NÃO ME CONTARAM ANTES DO CASAMENTO

Tradução
Jussara Serpa

7ª edição

Rio de Janeiro | 2014

CIP-BRASIL. CATALOGAÇÃO-NA-FONTE
SINDICATO NACIONAL DOS EDITORES DE LIVROS, RJ.

B616c
7ª ed.

Bloom, Linda, 1946-
    101 coisas que não me contaram antes do casamento: lições simples para fazer o amor durar / Linda e Charlie Bloom; tradução Jussara Serpa. – 7ª ed. – Rio de Janeiro: Best*Seller*, 2014.

    Tradução de: 101 things I wish I knew when I got married
    ISBN 978-85-7684-049-7

    1. Casamento. 2. Pessoas casadas – Conduta. 3. Aconselhamento matrimonial. 4. Comunicação no casamento. 5. Relações homem-mulher. I. Bloom, Charlie, 1947- . II. Título.

CDD – 306.87
CDU – 392.5

Título original norte-americano
101 THINGS I WISH I KNEW WHEN I GOT MARRIED
Copyright © 2004 by Linda e Charlie Bloom
Copyright da edição brasileira © Editora Best Seller Ltda.
Edição original em inglês publicada em 2004 por New World Library, Califórnia, EUA.

Capa: Glenda Rubinstein
Editoração eletrônica: I Graficci

Todos os direitos reservados. Proibida a reprodução,
no todo ou em parte, sem autorização prévia por escrito da editora,
sejam quais forem os meios empregados.

Direitos exclusivos de publicação em língua portuguesa
para o Brasil adquiridos pela
EDITORA BEST SELLER LTDA.
Rua Argentina, 171, parte, São Cristóvão
Rio de Janeiro, RJ – 20921-380
que se reserva a propriedade literária desta tradução

Impresso no Brasil

ISBN 978-85-7684-049-7

Seja um leitor preferencial Record.

Cadastre-se e receba informações sobre nossos lançamentos e nossas promoções

Atendimento e venda direta ao leitor:
mdireto@record.com.br ou (21) 2585-2002

Sumário

Agradecimentos — 11
Prefácio por Kathlyn e Gay Hendricks — 13
Introdução — 15

1. Grandes relacionamentos não acontecem por acaso, eles são criados — 25
2. A vulnerabilidade desarma — 27
3. Se o trabalho receber o melhor de você, seu casamento se esvaziará — 29
4. Um dos melhores presentes que você pode oferecer ao seu parceiro é sua própria felicidade — 31
5. Há diferença entre julgar e sentenciar — 33
6. É possível odiar e amar uma pessoa ao mesmo tempo — 35
7. Ao se queixar do seu parceiro para os amigos, lembre-se de que a opinião deles se baseia em informações distorcidas — 37
8. As únicas regras de um casamento são aquelas que os dois escolheram — 39
9. O compromisso não é uma prisão — é um meio para viver uma liberdade maior — 41

10.	Não é o conflito que destrói os casamentos, mas o ressentimento frio e reprimido produzido pela mágoa	43
11.	Se escolherem a monogamia, mantenham-se firmes	45
12.	Não importa o que você possui, mas o que realiza com isso	48
13.	Mesmo os bons casamentos têm fases, e podem ocorrer alguns invernos difíceis	50
14.	Sua relação primordial é com seu parceiro, não com seus filhos	53
15.	Se você pensa que é bom demais para o seu parceiro, reconsidere	55
16.	Crescer em uma família feliz não garante um bom casamento, assim como crescer em uma família infeliz não o impede	57
17.	Nunca é tarde demais para recuperar a confiança abalada	59
18.	Segredos são mentiras	61
19.	O sexo pode melhorar com a idade	63
20.	Se você está acompanhando o ritmo das pessoas à sua volta, provavelmente está indo rápido demais	65
21.	Se você não consegue ser feliz sem seu parceiro, vocês não serão felizes juntos	67
22.	O casamento é como o ioga	69
23.	O príncipe não vai aparecer	72
24.	Procurar ajuda quando não conseguimos resolver nossos problemas não é sinal de fraqueza — é sinal de inteligência	74
25.	Uma pessoa, por mais que ame você, não será capaz de satisfazer todas as suas necessidades emocionais	76
26.	O amor nem sempre é o suficiente para sustentar um casamento	78
27.	A intimidade verdadeira só pode existir entre iguais	80
28.	A verdadeira questão, em geral, não é aquela pela qual vocês estão discutindo	84
29.	O amor não é apenas um sentimento, é uma atitude que demonstra o quanto nos importamos um com o outro	86
30.	As expectativas criam espaço para ressentimento	88

31.	Discussões destrutivas podem ser evitadas	90
32.	Um dos maiores presentes que podemos dar ao nosso parceiro é a nossa atenção	92
33.	Mesmo as pessoas com os melhores casamentos às vezes se perguntam se não casaram com a pessoa errada	95
34.	Seu parceiro não pode salvá-lo da infelicidade, mas pode ajudá-lo	97
35.	O custo de uma mentira é muito maior do que qualquer vantagem em dizê-la	99
36.	Mesmo os melhores casamentos têm diferenças irreconciliáveis	102
37.	Sua opinião não é a verdade	105
38.	Férias são uma necessidade, não um luxo	108
39.	A confiança leva anos para ser construída e poucos momentos para ser destruída	110
40.	Os ultimatos e as ameaças criam mais danos que benefícios	113
41.	Culpar o outro não vai lhe dar o que você realmente quer	115
42.	Dê o que você quer receber	117
43.	Não negligencie seus amigos só porque se casou	119
44.	Se pensar "Essa não é a pessoa com quem me casei", provavelmente terá razão	121
45.	Você ganha muitos pontos resistindo à tentação de provar que está certo	123
46.	O que você julga em seu parceiro é um reflexo do que julga em si mesmo	125
47.	Seu parceiro é seu professor *e* seu aluno	127
48.	Compromisso não é um acontecimento isolado, mas um processo contínuo	130
49.	A generosidade de espírito é a base para os grandes relacionamentos	133
50.	Se seu parceiro está na defensiva, você pode estar dando motivos para isso	135
51.	O casamento não é 50/50, é 100/100	137

52.	A confiança pode ser recuperada mesmo após uma traição dolorosa, mas isso será muito trabalhoso	140
53.	Você pode pagar agora ou mais tarde, mas quanto mais demorar, mais penalidades e juros serão acumulados	142
54.	A emoção barata que você sente ao desqualificar seu parceiro não é tão barata assim	144
55.	O casamento requer sacrifícios sim, mas os possíveis ganhos são infinitamente maiores que a renúncia	147
56.	Bom sexo não garante um ótimo casamento, mas ajuda bastante	149
57.	O perdão não é um acontecimento isolado, é um processo	151
58.	Até mesmo a menor fagulha pode reacender o fogo do amor	153
59.	Se você descobrir o que o seu parceiro quer e ajudá-lo a conseguir, ambos ficarão mais felizes	156
60.	O casamento em si não faz de você uma pessoa melhor, mas aceitar seus desafios sim	158
61.	Criar um grande casamento costuma demandar mais tempo e esforço do que se imagina	161
62.	A criação de um casamento é como o lançamento de um foguete: quando livre da atração da gravidade, requer muito menos energia para manter seu vôo	163
63.	Sentir atração por outra pessoa não diminui a qualidade do seu casamento, mas agir impulsionado por essa atração sim	165
64.	Um casamento bem-sucedido depende mais de como você lida com sua realidade atual do que das suas experiências do passado	167
65.	Para prosperar, o amor requer momentos de separação assim como de união	169
66.	Todos temos um diagnóstico terminal	171
67.	Não guarde os sentimentos de gratidão para si mesmo	173
68.	Saber onde seus limites estão e estar disposto a traçá-los é bom para seu parceiro e para você	175
69.	Você não tem que saber amar para se casar; você aprende treinando	177

70.	A privacidade não fará mal ao seu casamento, mas os segredos sim	179
71.	Possessividade e ciúme são frutos do medo, não do amor	181
72.	Encarar seus medos aumenta sua força, evitá-los a diminui	183
73.	Ser autêntico é contagiante e vicia	186
74.	Não diga nada *sobre* seu parceiro que você não esteja disposto a dizer diretamente *para* ele	188
75.	Sua maior fraqueza pode se transformar em sua maior força	191
76.	De todos os benefícios do casamento, o maior deles é a possibilidade de usar esse relacionamento para se tornar uma pessoa mais amorosa	193
77.	Se seu parceiro acha que algo é importante, então é!	195
78.	Os casamentos não perdem a necessidade do romance	197
79.	O brilho de uma nova relação é sempre temporário	200
80.	Há violência no silêncio quando ele é usado como uma arma	202
81.	Há diferença entre sexo e intimidade	204
82.	É melhor se concentrar no que você pode fazer para consertar uma situação do que naquilo que seu parceiro fez para estragá-la	206
83.	O fogo da paixão precisa esfriar para que o amor maduro possa se desenvolver	208
84.	Nada arrefece o desejo sexual mais rápido do que diferenças não resolvidas	210
85.	O maior risco é não arriscar	212
86.	Se você acha que terapia de casal é cara, experimente o divórcio	214
87.	O perdão é sua própria recompensa	216
88.	A vingança é sua própria punição	218
89.	Quando dois corações estão conectados, mesmo os grandes problemas têm solução; quando não estão, mesmo as menores dificuldades são insuperáveis	220
90.	A crítica construtiva em geral não constrói	223
91.	A capacidade de sentir alegria cresce na mesma proporção da capacidade de sentir dor	225

92. Nada é mais eloqüente que o silêncio de quem escuta de verdade	227
93. Os conflitos externos costumam expressar conflitos internos	231
94. Uma das melhores perguntas que você pode fazer para seu parceiro é: "Como posso amá-lo melhor?"	233
95. Há mais ganho em compreender o mundo do seu parceiro do que em tentar fazê-lo compreender o seu	235
96. Um casamento amoroso pode curar feridas emocionais antigas com mais eficácia do que a melhor das terapias	237
97. Apenas continue falando	239
98. Não há problema em presumir, contanto que você verifique com o outro antes de agir	241
99. Os casamentos podem manter seu viço, mesmo com o passar do tempo	242
100. Só intenção pode não bastar, mas é o mais importante	244
101. A quantidade de alegria e satisfação disponível em uma parceria amorosa é bem maior do que se pode imaginar	246
Entre em contato conosco	249

Agradecimentos

Em primeiro lugar, gostaríamos de agradecer aos alunos e clientes, que acreditaram em nós o suficiente para depositar sua fé e confiança em nosso trabalho ao longo de todos esses anos. Agradecemos também sua coragem, empenho e compromisso ao vivenciar nossas propostas. Vocês têm sido nossos mestres e nossa inspiração.

Aos nossos filhos Jesse, Sarah e Eben, nossa gratidão pela paciência que tiveram conosco, principalmente durante os primeiros anos, quando ainda estávamos lutando com nossas próprias lições ainda não aprendidas. Vocês nos ensinaram o perdão aos outros e a nós mesmos, repetidas vezes.

Temos uma dívida especial de gratidão com nossos amigos e professores, Stephen e Ondrea Levine. Obrigado por nos lembrar que somos muito mais do que nossas emoções e desejos, por nos ensinar a manter nossos corações abertos na adversidade, e por terem nos ajudado a despertar e fortalecer o espírito que inspira nossas vidas e nossa conexão. Agradecemos também a Jack Kornfield, por nos ter ensinado a ter atenção um com o outro, e a Thich Nhat Hanh pela meditação "Como posso amá-lo melhor?" e por ser a personificação da compaixão. Agradecemos a Barry e Joyce Vissell, que ajudaram a nos resgatar da beira do abismo em várias ocasiões.

Também nutrimos um profundo agradecimento por Nancy Lunney, que, acreditando em nós e em nosso trabalho, nos convidou a ensinar no Esalen Institute, nosso segundo lar. Lembramos ainda queridos amigos que apoiaram o sonho de escrever este livro: Seymour Boorstein, David Kerns, John Amodeo, Claire Bloom, Susan Campbell, Connie Zweig, Lewis Engel, Kim Karkos, Lynn Gallo, Mary Melkonian, Sharon Savage, Monica Dashwood e Grace Llewelyn. Sem sua fé, não poderíamos ter dado seqüência a esse projeto.

A Marc Allen e à maravilhosa equipe da New World Library, especialmente nossa talentosa editora, Kristen Cashman. Georgia Hughes, Cathey Flickinger, Monique Muhlenkamp e Munro Magruder: obrigado por seu apoio entusiasmado, sua orientação especializada e por ter criado uma editora realmente comprometida com o servir.

Prefácio

Quando a maioria de nós se apaixona, esbarra com uma série de mitos, tais como "Feitos um para o outro" e "Felizes para sempre". Respire fundo, perdoe-se e reconheça os ideais românticos que você criou para sua vida. Muitos de nós acordam, como Dorothy no filme *O Mágico de Oz*, em uma terra estranha, descobrindo fumaça e ilusão por trás da cortina da paixão, em vez do que realmente precisaríamos para sustentar um amor verdadeiro. As relações parecem ser muito fáceis no cinema e na televisão, onde a maioria de nós aprendeu o pouquinho que acha saber sobre relacionamentos. A realidade, como descobrimos rapidamente, é bem diferente. As estatísticas sobre divórcios nos trazem de volta à sobriedade, mas não revelam as origens dos problemas.

Em vários seminários, fizemos levantamentos nos quais os participantes confirmaram que a maioria das pessoas está muito mais bem treinada para dirigir carros do que para manejar um relacionamento bem-sucedido. Não é de admirar que se tenha tanta dificuldade para manter a relação amorosa! Já percorremos o equivalente a trinta voltas ao mundo, partilhando histórias e técnicas com casais. Em todos os lugares, ouvimos a mesma pergunta:

como posso criar uma relação que funcione de verdade? Linda e Charlie Bloom já se depararam com essa pergunta inúmeras vezes em seus seminários e em sua própria relação. O que eles compartilham com vocês aqui é real — conhecimento real sobre técnicas reais, e esse é o trunfo de *101 coisas que não me contaram antes do casamento*. "Se ao menos..." inicia frases que todos já ouvimos inúmeras vezes. "Se ao menos eu a tivesse conhecido melhor", "Se ao menos tivéssemos a oportunidade de aprender algo sobre como fazer o amor funcionar", "Se ao menos soubéssemos escutar um ao outro". Este livro esclarecedor apaga o "Se ao menos". Aqui você encontrará formas práticas para se conectar e reconectar, técnicas e apoio para explorar áreas desconhecidas que possibilitarão o florescimento do seu amor.

A maior delícia do livro de Linda e Charlie é seu formato à francesa, pois você poderá abrir o livro em qualquer página e encontrar um pedaço saboroso. Ao digerir tema após tema, você perceberá seu relacionamento florescer naturalmente, sem a necessidade de trabalho árduo ou luta. Que ótima idéia!

Há sabedoria profunda aqui, verdadeiramente necessária aos casais para terem sucesso. Os Bloom abordam as perguntas mais freqüentes de uma forma fluida, que irá fazer você não só respirar mais tranqüilamente, como ver seu parceiro sob nova luz. Imagine possuir um mapa de relacionamento com todas as lombadas e desvios ilustrados com clareza. Imagine aprender uma nova língua para os relacionamentos de modo suave e ao lado de um bom amigo. Linda e Charlie Bloom são orientadores seguros para muitos insights, e ficamos mais do que felizes em recomendar seu trabalho a qualquer pessoa que esteja procurando elevar seus relacionamentos a um novo nível.

KATHLYN e GAY HENDRICKS,
autores de *Conscious Loving* e *Lasting Love*

Introdução

CHARLIE: Em fevereiro de 1999, minha irmã, Claire, telefonou de Los Angeles para me contar que ela e seu namorado, Mike, iam se casar. Perguntou se eu aceitaria escolher um texto sobre casamento e ler na cerimônia. Claro que aceitei seu pedido e comecei imediatamente a procurar um texto adequado. Encontrei várias citações, poemas e histórias ótimas, que provavelmente teriam se aplicado muito bem. A questão era que nenhum desses trechos expressava totalmente o que eu queria dizer. Todos falavam sobre os aspectos de um casamento — devoção, compromisso, benefícios, alegrias, desafios —, mas cada um lidava apenas com um dos detalhes de um todo.

O que eu queria oferecer a Claire e Mike era um quadro mais completo de tudo o que o casamento pode ser, expressando o que é necessário para realizar esse potencial. Linda me encorajou a parar de procurar palavras de outras pessoas e em vez disso criar meu próprio texto. Assim, comecei a listar algumas das coisas que eu queria ter sabido ao casar. Compartilhando as lições que Linda e eu aprendemos com a convivência ao longo de trinta anos, esperava poupar Claire e Mike de parte do sofrimento e da luta por que passamos.

Escrevi cinqüenta tópicos, mas devido à questão de tempo, reduzi para 25. A cerimônia foi linda, e pude partilhar todos os meus insights, enquanto observava as diferentes reações da congregação, seja por meio de piscadas de olhos, concordância com acenos de cabeça, risadas discretas ou suaves cotoveladas nos parceiros. Mais tarde, várias pessoas, incluindo o pastor, me pediram cópias do que li. Alguns sugeriram que eu as ampliasse e pensasse em publicá-las. Na viagem de oito horas de carro de volta para casa, Linda e eu criamos outras frases. Ao final do percurso tínhamos oitenta. Após duas semanas, tínhamos mais de cem. Na verdade, criamos quase duzentas. (Acho que isso diz algo sobre o quanto *não* sabíamos quando casamos.) Escolhemos aquelas que consideramos as melhores e pedimos a opinião de alguns amigos escritores, terapeutas ou ambos. As respostas foram muito favoráveis, mas quase sem exceção nossos leitores fizeram a seguinte recomendação: incluir alguns parágrafos com comentários após cada frase para detalhar mais os temas.

Decidimos usar uma combinação de histórias do nosso próprio casamento e das relações de clientes, amigos e alunos — claro que com o cuidado de não revelar a identidade de ninguém, exceto a nossa. Após termos compartilhado vários dos detalhes de nossas brigas, durante aproximadamente vinte anos, com participantes de workshops, aprendemos a usar nossas experiências, nossos erros e descobertas, como meios de ajudar casais a evitar — ou ao menos a se desembaraçar de — algumas armadilhas, crises, impasses, atoleiros e outras dificuldades que, inevitavelmente, vão surgindo no curso de um casamento.

Embora Linda e eu sejamos conselheiros matrimoniais treinados, cada um com mais de duas décadas de experiência, a maior parte do que apresentamos neste livro vem de nossa experiência pessoal, não daquilo que aprendemos na faculdade. Nossas qualificações não estão dependuradas na forma de diplomas emoldurados nas paredes, elas são resultado das cicatrizes e feridas que sofremos, suportamos e por meio das quais aprendemos e nos recuperamos.

"Aquilo que não me mata, me torna mais forte", disse Friedrich Nietzsche. Assim parece ocorrer com o casamento: aprendemos a crescer por meio dos inevitáveis desafios de uma parceria com compromisso ou corremos o risco de sermos destruídos por eles. Linda e eu provavelmente passamos por tanto estresse quanto a maioria dos nossos muitos amigos que se divorciaram. Clientes e alunos têm nos apresentado poucos problemas que nós mesmos já não tenhamos vivenciado. Estivemos à beira de acabar com nosso casamento em várias ocasiões, e todas as vezes demos um jeito de retroceder. Já se passaram alguns anos desde que nosso casamento teve uma daquelas experiências de quase-morte, e a essa altura parece improvável que isso ocorra de novo. Contudo, não há garantias, nem mesmo para os melhores casamentos, e a forma mais certa de pôr uma ótima relação em risco é achar que não há perigos e ligar o piloto automático.

Linda: Sentimo-nos abençoados por compartilhar a parceria que temos hoje, mas não foi fácil chegar aqui, demos duro para alcançar nossa maturidade amorosa. Quando Charlie discursou no casamento de Claire e Mike, senti orgulho do que já havíamos realizado juntos. Sobrevivemos a crises e provações suficientes para poder falar com alguma autoridade sobre as possibilidades e as armadilhas do casamento. Charlie estava oferecendo à irmã e ao marido dela aquilo que gostaríamos de ter recebido. Se tivéssemos aprendido e incorporado essas verdades com antecedência, seríamos poupados de muito sofrimento. Enfrentamos enormes obstáculos em nossa relação. Por várias vezes desejei ter um parente sábio a quem pudesse pedir conselhos e que pudesse nos ajudar a sair da confusão. Não tendo um membro da família para consultar, procurei mestres espirituais, workshops, fitas cassete de autoajuda, autores, terapeutas e amigos, e tentei solucionar os problemas sozinha. Espero poder dar orientação às pessoas que estão em busca disso, como eu estava.

Nos primeiros anos que passamos juntos, Charlie e eu sabíamos o tipo de relacionamento que queríamos, mas foi necessário muito mais do que essa perspectiva para podermos usufruí-lo. Nos deparamos com padrões condicionados e hábitos antigos. Para neutralizá-los seriam necessários muita prática, devoção e tempo. Determinada em conseguir vencê-los, mantive minha visão e meu compromisso.

Foram vários os fatores que contribuíram para as dificuldades que tivemos, principalmente durante os primeiros anos de casamento. Tínhamos, ambos, 21 anos quando começamos nosso relacionamento e éramos bem imaturos. Cada um de nós procurava alguém que nos desse segurança emocional, já que nenhum dos dois havia desenvolvido total segurança sobre si próprio. Tínhamos uma imagem muito distorcida sobre o amor. Não estávamos bem preparados para participar de um relacionamento saudável. Nenhum dos dois tinha visto exemplos disso em nossas famílias, tampouco tínhamos sido muito bem-sucedidos em nossos relacionamentos anteriores. Cada um de nós procurava alguém que o ajudasse a se livrar das dores do passado. Nosso primeiro filho nasceu antes de completarmos dois anos de casados. Na época, ainda cursávamos a faculdade, estávamos sobrecarregados de dívidas e desempregados. Às vezes, o nível de estresse era insuportável.

Havia também todas as grandes diferenças entre nós. Embora muitos casais tendam a se complementar com suas diferenças, as nossas sempre pareciam ser irreconciliáveis e extremamente exageradas. Nos traços de nossas personalidades representamos os opostos do espectro: sou detalhista, Charlie é generalizador; sou a favor de uma educação severa dos filhos, Charlie não é; sou extrovertida e sociável, Charlie é mais introvertido; vou dormir cedo, já ele fica acordado até tarde; gosto de chegar ao aeroporto com horas de antecedência, enquanto uma espera de 15 minutos é demais para ele; acredito em planejamento e preparação, Charlie prefere a espontaneidade; quando estou estressada procuro contato, Charlie prefere ficar só; minha força está no compromisso, a de Charlie, em abrir mão; quando ensinamos, uso minhas anotações, ele prefere falar o que sente; sou uma oradora, ele é um pensador; eu gerencio o dinheiro, ele gasta. A lista é enorme, mas já se pode ter uma idéia. Em todos esses anos as pessoas nos perguntaram inúmeras vezes: "Como vocês conseguiram se unir? E como conseguiram *continuar* juntos?"

Nos primeiros anos de casamento, como nenhum de nós sabia lidar com as diferenças, entrávamos em conflito freqüentemente. Não eram as diferenças em si que criavam o problema, mas sim nossas reações a elas. Como vários outros casais, buscávamos eliminar tais diferenças tentando mudar um ao outro e a nós mesmos. Homogeneizar nossas personalidades, e assim eliminar as fontes de conflito, parecia uma boa idéia na época. Finalmente, descobriríamos que essa estratégia não funciona, pelo contrário, ela produz mais conflitos, internos e entre nós.

É claro que nossa relação não era apenas sofrimento e luta. Não fossem os aspectos positivos, não teríamos ficado juntos. Desde o início, uma conexão amorosa profunda tem nos sustentado em meio às provações, brigas de poder, decepções e até mesmo traições. Compartilhamos experiências como casal e como família cujo prazer é imensurável.

Nem mesmo os vínculos mais fortes são imunes ao tributo que brigas contínuas podem impor a uma relação. Para nós, o ponto de transformação ocorreu em 1987, após 15 anos de casamento. Os conflitos e frustrações haviam nos desgastado a ponto de ambos questionarmos se valia a pena continuar juntos. Por mais que cada um quisesse preservar o casamento e a família, a tensão criada por lidar com diferenças irreconciliáveis estava ficando demasiada. Chegamos a um limite em que entendíamos por que casais que se amam escolhem o divórcio. Sentíamos tristeza e alívio em reconhecer isso. A dor era imensa por estarmos prestes a terminar com nosso casamento, mas ao mesmo tempo estávamos aliviados com a perspectiva das brigas chegarem a um fim. Felizmente, ao encararmos a realidade do divórcio, percebemos o que iríamos perder e o quanto nós dois realmente queríamos preservar. Sabíamos que devia haver outra saída e isso nos ajudou a dar um salto, a deixar de tolerar nossas diferenças para começar a observá-las.

Tentar dissolver as diferenças não havia funcionado, então começamos a vê-las com mais aceitação, gratidão e valorização, procurando descobrir suas dádivas ocultas. Sabíamos, ao menos intelectualmente, que tinham sido essas diferenças que nos haviam aproximado e nos atraído mutuamente. Ao mesmo tempo, elas eram o primeiro gatilho a disparar nossos padrões reativos. Assim, descobrimos: o que nos deixava loucos em relação ao outro e o que nos deixava loucos um pelo outro eram as mesmas coisas. O desafio estava em não tentar mudar o outro nem estar disposto a mudar por causa do outro, mas sim honrar nossa individualidade, fortalecendo os vínculos de respeito amoroso entre nós. Aprender a enxergar as diferenças como ferramentas para nos tornarmos mais amorosos e realizados, e não como obstáculos a serem vencidos, negados ou eliminados alterou profundamente a forma de nos relacionarmos um com o outro e com todas as pessoas em nossas vidas. No trabalho com casais, descobrimos que, embora seja necessário um esforço e um objetivo para escolher essa orientação, não é necessário demorar tanto tempo para adotá-la quanto demorou para nós.

As experiências que nos derrubaram nos tornaram as pessoas que somos, e o aprendizado e a recuperação que acompanharam cada uma delas deram forma ao tesouro que é nosso relacionamento atual. Com a inabilidade de um ao tratar o outro, aprendemos paradoxalmente o significado do respeito verdadeiro. Pelo fato de nossa relação ter ficado "por um fio" em tantas ocasiões, com risco de separação e divórcio, aprendemos a nos importar verdadeiramente com o outro, com a relação e com nós mesmos. Por termos chegado tão próximos da beira do abismo, aprendemos a amar com enorme sentimento de gratidão. Embora as lições aprendidas nesse processo não tenham sido fáceis, as recompensas pelo esforço são doces, como harmonia, tranqüilidade e alegria em abundância. Esperamos que este livro o ajude a apreciar a força poderosa desta perspectiva, auxiliando-o a aplicá-la em seus relacionamentos.

O livro *101 coisas que não me contaram antes do casamento* serve a qualquer pessoa que está, já esteve ou estará em uma parceria com compromisso; a qualquer um que já sentiu, em algum momento, que o casamento pode ser muito mais que um acordo de conveniência, com o propósito de administrar obrigações, responsabilidades e necessidades pessoais. Serve a qualquer um que não esteja disposto a se acomodar com menos do que com a totalidade das riquezas disponíveis em uma vida de parceria verdadeira, e que acredite que o preço para esse empreendimento, por mais alto que pareça ser, seja insignificante em comparação aos indescritíveis benefícios pessoais, para a família e para o mundo, que estão ao seu alcance.

Somos duas pessoas comuns que por meio de uma combinação de boa sorte, ajuda de qualidade, trabalho árduo, compromisso e uma fé inabalável na visão compartilhada conseguiram ultrapassar as provações do casamento e aprenderam com suas experiências. Não somos diferentes dos outros, e se nós conseguimos, você também pode. Nas páginas a seguir, não vamos lhe dizer o que fazer, mas lhe oferecer nossa fé no poder de seus propósitos e nossa confiança na capacidade humana de se curar de um passado ferido — e, ao fazê-lo, tornar-se ainda mais forte. Como ambos descobrimos, são as próprias feridas que nos permitem desenvolver as qualidades que trazem mais alegria e amor para nossas vidas.

Fomos inspirados por clientes, alunos e professores a criar essa série de linhas mestras que destilam a essência dos princípios que permitiram o florescer da nossa relação. Aos jovens casais que estão apenas começando suas relações, que essas lições lhes poupem de alguns problemas. Aos casais estabelecidos há mais tempo, que nosso aconselhamento lhes forneça uma nova perspectiva dos ingredientes necessários para um casamento bem-sucedido.

Em nossa experiência, comprovamos que a satisfação mais profunda que a vida tem a oferecer vem das relações mais íntimas. Aceitando os desafios de uma parceria com compromisso somos incitados a ver a grandiosidade do nosso ser. Mais do que qualquer outra relação, o casamento tem o potencial de despertar nossos anseios e necessidades mais profundas, assim como as dores e os medos mais profundos. Ao aprender a encarar todas essas forças poderosas com autenticidade e de coração aberto, podemos crescer em integridade, maturidade e compaixão. Em um dos seus workshops, Stephen Levine, autor de *Acolhendo a pessoa amada* (Mandarin Editora, 1996), chamou o casamento de "o mais perigoso dos esportes". Ele afirma que as pessoas podem aprender mais sobre si em uma semana de relacionamento do que sentados em uma caverna meditando durante um ano. Tendo experimentado tanto o casamento quanto a meditação, nós temos que concordar com ele. O desenvolvimento da consciência de si mesmo e do autoconhecimento pode se tornar o caminho e o resultado final de um bom casamento. O processo, embora simples, não é fácil. Nossa esperança é que este livro venha a abrir ainda mais seu coração e sua mente para os tesouros inexprimíveis disponíveis na trajetória dos relacionamentos.

1

*Grandes relacionamentos
não acontecem por acaso,
eles são criados*

Os casamentos exemplares que conhecemos foram conquistados. Essas relações são parcerias verdadeiras, fundadas sobre um trabalho de confiança mútua, adquirida e acumulada ao longo do tempo. As lutas e os esforços para reconciliar o que muitas vezes parecem ser diferenças incorrigíveis constituem a base desses casamentos. Enquanto compatibilidades e interesses comuns nos unem inicialmente, com o passar do tempo, não são suficientes para nos manter juntos. Se não houver desavenças, não haverá atrito e agitação suficientes para o amadurecimento. Não precisamos buscar o estresse, a vida se incumbe de criá-lo. Invariavelmente, surgem obstáculos a serem superados pelo casal. Os desafios vão de desaprovação da família em relação à união a problemas de saúde ou dificuldades financeiras, passando por estilos, valores e sistemas de crenças divergentes. À medida que o casal comprometido depara com esses desafios e consegue superá-los, somando seus esforços, o relacionamento se torna mais forte e resistente.

Os acontecimentos significativos vão se vinculando e acumulando com o passar dos anos: um toque suave para nos confortar quando estamos agitados, uma conversa íntima, rir juntos, uma xícara de chá quando estamos exaustos, um prato de sopa quando estamos doentes, cuidados especiais para tornar a experiência sexual mais prazerosa, uma demonstração de orgulho pelas realizações do parceiro, atos de perdão e todos os preciosos momentos de conexão, insight, compaixão e compreensão. Essas interações são a fundação de um grande amor edificado ao longo do tempo.

Uma das atitudes mais importantes que podemos tomar para manter nossa relação forte e saudável é construir um vínculo de afeto. Ele começa como um fio tênue que vai ficando mais sólido e forte. Quando o inevitável estresse da vida nos sobrevem, na forma de diferenças ou decepções, o fio pode enfraquecer. Podemos, por escolha consciente, compromisso e intenção, gradualmente fortalecer o fio de conexão com atos sinceros de consideração, generosidade e bondade no dia-a-dia.

Criar uma reserva de boa vontade no relacionamento é como acumular dinheiro no banco. Essa poupança pode tomar várias formas — uma conversa, um episódio em que as diferenças são resolvidas, um olhar prolongado ou uma sincera expressão de agradecimento —, todos com o objetivo comum de reafirmar o amor e o compromisso que vão se acumulando numa grande conta. Quando temos uma poupança abundante, podemos fazer retiradas nas épocas difíceis e viver a vida com paz de espírito, gozando de uma riqueza emocional sempre crescente.

2

A vulnerabilidade desarma

LINDA: As discussões não terminam quando uma das pessoas vence. Lançar mão da artilharia pesada — ameaças, xingamentos, insultos, gritos — sempre gera um preço alto a pagar. Podemos intimidar nosso parceiro, submetendo-o e ganhando a batalha, dominada naquele momento, mas isso não significa que vencemos a guerra. Será simplesmente uma trégua temporária, que cria tensão pois o conflito foi apenas empurrado para baixo do tapete. O custo é a perda da confiança, da boa vontade, do cuidado e do respeito.

Por muitos anos eu reagi às críticas que Charlie me fazia com outras críticas. Esse padrão nunca resultou em um de nós se sentir aceito ou compreendido. E daí se ambos estivéssemos certos? Não importava. Só quando parei de dizer "Você nunca me ouve" e "Você sempre tem que estar certo", o impasse começou a se dissolver. Em vez disso, passei a dizer "Quero muito que possamos nos entender" e "É tão doloroso para mim quando não nos comunicamos". Quando revelava minha dor e frustração em lugar de "corrigir" as respostas de Charlie, a tensão entre nós abrandava e então podíamos ouvir melhor um ao outro.

Para caminhar em direção à solução em épocas de tormenta, é preciso fazer o que mais queremos evitar — encontrar a coragem de ser vulnerável. A paz da compreensão não resulta de esforços para que nosso parceiro retroceda, pare de brigar e nos ouça. Resulta, em vez disso, da abertura que surge quando estamos dispostos a desarmar nossas defesas verbais. O desarmamento pessoal é o ato de sair da defensiva e falar a verdade do coração, mesmo diante do medo.

Quanto mais eu praticava, menos medo sentia e mais natural tornava-se baixar a guarda. Descobri que a coragem de ser honesto quase sempre evoca o mesmo da outra pessoa. Mas, indiferentemente de como nosso parceiro responda, a comunicação desarmada é em si uma dádiva transformadora para nós e para nosso relacionamento. Ao honrarmos nossa verdade, aprofundamos o desenvolvimento da autoconfiança, da autovalia e do auto-respeito, enquanto simultaneamente criamos mais honestidade e integridade em nosso casamento. Quando oferecemos o que queremos receber, o processo sempre se torna a própria recompensa.

A vulnerabilidade nos confere integridade e maior acesso ao nosso próprio coração e à verdade mais profunda de nossa experiência pessoal. Quando falamos de nossa vulnerabilidade, nos conectamos intimamente e criamos um ambiente seguro para o amor e a ternura florescerem. Isso em si é uma vitória. A dádiva para o parceiro é a abertura do nosso coração — o acesso a nossos sentimentos de doçura, bondade e carinho que se encontram logo abaixo da superfície de críticas e conflito.

3

Se o trabalho receber o melhor de você, seu casamento se esvaziará

Os pais de Phillip se divorciaram quando ele tinha quatro anos. Ele foi criado pela mãe e por duas irmãs. A mãe não se casou de novo, e a família teve dificuldades financeiras durante toda a sua infância. Enquanto crescia, ele sempre jurava que nunca mais seria pobre e que seus filhos nunca sentiriam a falta material do que desejassem. Phillip casou-se com Eileen, que reconhecia nele não apenas um homem de grande ambição, mas também de bondade e compaixão. Contudo, ela também via que as experiências da infância haviam lhe deixado feridas emocionais abertas. Ela o amava profundamente e tinha certeza de que seu amor repararia a insegurança que o impelia num esforço implacável em busca do sucesso.

Ao perceber que seus esforços não eram suficientes para neutralizar a ambição desmedida de Phillip, Eileen tornou-se ressentida e frustrada, acusando-o de se importar mais com os negócios do que com a família. Ao que ele respondia: "Isso não é verdade. Eu tenho um compromisso com nossa família e não quero que as crianças passem o que passei enquanto crescia. Você não valoriza o que eu estou fazendo por vocês. Você é ingrata."

As defesas de Phillip e a frustração de Eileen criaram o que parecia ser um beco sem saída. Mas o verdadeiro problema é que eles haviam se polarizado, tomando posições contrárias, levando a crer que Phillip precisava escolher entre favorecer a família ou o trabalho. Era como se Phillip e Eileen estivessem hipnotizados para ver as coisas como "isso ou aquilo". Essa visão impossibilitava que qualquer um dos dois ouvisse as verdadeiras perspectivas do outro.

O impasse foi quebrado no dia em que Eileen decidiu parar de criticar Phillip. Ela passou a refrear seu impulso de chamá-lo de viciado em trabalho e desatento à família, e passou a falar-lhe da dor do seu coração partido. Ela falou do quanto sentia sua falta e como ficava triste pelas crianças estarem crescendo sem a presença de um pai amoroso, como havia ocorrido com ele. Ela não queria que ele parasse de trabalhar, apenas que reservasse mais tempo para a família. Ela trocou a língua ferina da raiva que sentia pela suavidade do seu amor. Como resultado, Phillip aos poucos foi conseguindo ouvi-la sem ficar na defensiva ou com raiva. Pela primeira vez, ele conseguiu vislumbrar a possibilidade de poder ter seu trabalho e sua família. Dali em diante, Eileen e Phillip atuaram como parceiros, criando em conjunto uma vida que funcionava bem para toda a família. Embora ocasionalmente houvesse retrocessos e dificuldades, eles nunca mais voltaram ao padrão de antagonismo que quase destruiu seu casamento.

4

*Um dos melhores presentes que
você pode oferecer ao seu
parceiro é sua própria felicidade*

CHARLIE: Assim como várias pessoas, cresci com a idéia de que o casamento requer sacrifício próprio. Acreditava que os casais bem-sucedidos colocavam as necessidades do parceiro em primeiro plano, abrindo mão dos prazeres que não fossem de interesse comum. Não é de se admirar que eu não estivesse pulando de alegria com a perspectiva de me casar. Na sombra do meu *eu* independente e avesso a compromissos, estava o meu lado que desejava união, afeto e (sejamos honestos) sexo regular. Então, aos 25 anos, me casei. Dadas as minhas crenças, não é de surpreender que meus sentimentos estivessem confusos quando Linda e eu nos unimos. Em uma foto engraçada da cerimônia, meu olhar de consternação expõe essa ambivalência.

Para mim, a parte difícil do casamento foi me livrar das crenças que me enredavam e criar uma vida na qual eu pudesse ser feliz de verdade. Com tempo, esforço e apoio, essa intenção tem sido em grande parte satisfeita, principalmente devido à ajuda significativa que recebi de Linda. Foi ela que me encorajou e deu a força que não consegui dar a mim mesmo em várias ocasiões. Linda me ajudou a ver que não precisava me tornar um mártir e me sacrificar para fazer nosso casamento dar certo. Ela me mostrou que minha responsabilidade em criar uma vida prazerosa e satisfatória para mim era tão importante quanto qualquer coisa que eu pudesse fazer para ela e para as crianças. Linda dizia: "O maior presente que você pode nos dar é sua própria felicidade. Não queremos um marido e um pai que se sinta infeliz e sobrecarregado, não importa o que mais você esteja trazendo para casa." Tive de ouvir isso várias vezes e de diferentes formas antes de finalmente compreender.

Aprendi que minhas responsabilidades comigo mesmo eram tão importantes quanto as responsabilidades com os outros. Passei a acreditar que a qualidade da minha vida não é menos importante do que a dos membros da minha família. É meu trabalho, e não o de Linda ou de qualquer outra pessoa, fazer com que minhas necessidades sejam atendidas e que eu sinta satisfação em minha vida. Essa deve ter sido a lição mais valiosa que já aprendi, e continuo a aprendê-la em níveis mais profundos. Agora vejo que a responsabilidade, no sentido mais verdadeiro da palavra — responsabilidade por si próprio — não é uma obrigação ou um fardo pesado, mas sim uma dádiva, uma bênção.

A maioria das pessoas entra no casamento procurando os benefícios do acordo. Amor, atenção, segurança, prazer, companheirismo e distração dos sentimentos ou pensamentos desagradáveis são alguns dos aspectos que nos compelem à parceria. Quando deixamos de responsabilizar o parceiro pela satisfação de nossas necessidades, tudo muda. Isso é mais fácil dito do que vivido, mas talvez seja a escolha de maior importância que podemos fazer para garantir que nosso relacionamento seja mutuamente satisfatório. Cuidar de si mesmo não é egoísmo, é a atitude mais generosa e responsável que podemos tomar.

5

*Há diferença entre
julgar e sentenciar*

Para viver de modo consciente precisamos fazer avaliações. Avaliamos o nível de risco, o custo/benefício e o decoro em determinadas situações. Precisamos fazer alguns julgamentos diariamente. Também fazemos julgamentos em nossos relacionamentos, mas às vezes esquecemos que essas são avaliações pessoais e temporárias e as tomamos por verdades objetivas e permanentes. Sentenciar situações numa relação costuma ser desastroso porque quando nos apegamos a uma caracterização fixa de nosso parceiro temos muita dificuldade para descartar aquela avaliação e enxergá-lo de modo diferente.

Paul decidiu melhorar seu relacionamento. Encomendou livros e fitas de auto-ajuda e mergulhou neles. Ele aceitou o desafio de acordar a cada dia inteiramente comprometido com o casamento. Seu aprendizado começou a se fazer notar na relação com Cookie. Ele passou a levar flores para ela, parou de assistir à TV após o trabalho para perguntar como havia sido o dia dela, parou de esperar que ela o servisse como uma garçonete e começou a dar mais atenção ao neto quando ele os visitava. Mas não importava o que ele fizesse — Cookie continuava a vê-lo a partir de sua antiga perspectiva. Era como se ela tivesse tirado uma fotografia de Paul anos antes e a tivesse colado no álbum de sua mente. Ela não conseguia virar a página, mantinha o álbum aberto naquela foto antiga e ficava olhando para ela. Cookie estava esperando a prova de que Paul não era confiável. Como ninguém é perfeito, é claro que ela a encontrou. Certo dia, quando Paul escorregou e pediu que ela levasse seu café, Cookie o confrontou com a acusação de que, na realidade, ele não havia mudado.

Após algum tempo, Paul começou a sentir que não adiantava tentar, porque mais cedo ou mais tarde cometeria um deslize com um comportamento antigo e Cookie voltaria a condená-lo. Embora inicialmente tivesse começado a mudar seu comportamento em prol do casamento, agora ele o fazia para si mesmo. Paul se deu conta de que não tinha qualquer controle sobre a forma como Cookie o enxergava. A visão inflexível de Cookie em relação a ele fez dela a maior perdedora. Ficar apegada às suas sentenças impediu que ela apreciasse as mudanças de Paul. Ela não conseguia ver que a relação deles havia realmente melhorado. Seu apego às suas sentenças foi tão forte que não permitiu que ela enxergasse o papel que estava desempenhando para a relação continuar ruim.

Quando Paul finalmente disse a Cookie que não estava mais disposto a continuar tentando provar seu amor, Cookie tomou isso como mais uma prova de que ele realmente não se importava, de que estivera fingindo o tempo todo. Em seguida, Paul julgou que não conseguiria persuadir Cookie a reconhecer que seu amor por ela era sincero. Os julgamentos que Cookie fazia de Paul mantinham expectativas mínimas, assim se protegendo da dor da decepção. Esse casal continuou junto, mas nunca foi realmente feliz. No final, o apego de Cookie às suas sentenças não permitiu que os dois vivessem uma união de contentamento e satisfação.

6

*É possível odiar e amar uma
pessoa ao mesmo tempo*

LINDA: Amar alguém não significa que sempre temos sentimentos carinhosos e maravilhosos em relação à pessoa. O amor é um guisado que ganha sabor com vários ingredientes, pode ser doce, apimentado, amargo ou salgado — às vezes é tudo isso. Nossos sentimentos sempre mutáveis, sejam prazerosos ou dolorosos, não refletem a natureza subjacente do relacionamento. Emoções fortes são inevitáveis em um casamento. Se pudermos aceitá-las, sem julgar a nós mesmos ou ao parceiro, elas podem sobrevoar livremente e nos apresentar aspectos pessoais ainda adormecidos. A presença de sentimentos considerados negativos não é o problema. A maneira de respondermos a eles internamente e nossas reações são o que determina se eles vão aprofundar ou diminuir nosso amor. Aceitar todos os sentimentos que emergem em um relacionamento com compromisso nos permite aprender a amar mais plenamente e com maior profundidade.

Lembro-me de uma ocasião em que Charlie quebrou um acordo de grande importância para mim. Na época, nossos filhos eram pequenos e havíamos concordado que dividiríamos os cuidados com eles. Um novo emprego de Charlie, porém, fazia com que ele ficasse mais fora da cidade do que em casa. Eu o havia incentivado a aceitar o emprego, mas suas ausências se tornaram mais longas e freqüentes do que esperávamos. Encontrei-me na posição de ser a única a cuidar de nossos filhos. Fiquei furiosa! Como é que ele podia ser tão egoísta e ter tão pouca consideração? Afinal, com que tipo de patife eu havia me envolvido? Será que eu queria mesmo ficar com ele? Isso era mais do que uma simples raiva, era ódio. Pelo menos foi assim que me senti na época. Porém, mesmo em meio à minha implosão (naquela época eu não expressava grande parte da minha raiva), eu ouvia uma outra voz dentro de mim dizendo "Você ama esse cara". Lembro-me da confusão interna que senti ao perceber que junto ao ódio abrasador estava também o mesmo amor que me era familiar. Minha forma simplista de pensar – bom/mau, certo/errado, preto/branco, isso/aquilo – foi desafiada. De alguma forma, parecia errado que o ódio e o amor pudessem ocorrer simultaneamente, mas lá estavam eles. Fui desafiada a aprender a sustentar a tensão dos opostos.

Embora minha mente não entendesse esse paradoxo, meu coração sabia que era a realidade. Em meio a esses momentos de raiva e de ódio extremos por Charlie, eu sabia que a intensidade das minhas emoções se devia à profundidade do meu amor e paixão por ele. Ainda que às vezes eu sinta raiva de Charlie, isso costuma passar rapidamente, e em seguida sinto a vastidão do amor que está por trás de todos os meus outros sentimentos.

7

*Ao se queixar do seu parceiro para os
seus amigos, lembre-se de que a opinião deles se
baseia em informações distorcidas*

Todos na vida de Joan a aconselhavam a se divorciar. Seu marido, Greg, tinha um caso há meses. A desonestidade dele era mais dolorosa para Joan do que o caso em si. Ela duvidava que conseguiria voltar a confiar nele. "Livre-se dele!", postulava sua irmã. "Uma vez infiel, sempre infiel", disse sua melhor amiga. Os amigos de Joan tinham boa intenção, mas eram parciais. Estavam angustiados por vê-la sofrer tanto e queriam a antiga Joan de volta. Joan sempre fora forte, mas agora mal conseguia manter sua vida estruturada. Para os observadores pode parecer que há distinções claras entre algozes e vítimas. Porém, após uma investigação mais próxima, descobrimos que existem outros fatos na história.

Joan teve sua parte no fracasso do casamento. Ela não vinha recebendo o apoio emocional que esperava e estava com raiva e fria em relação a Greg havia muito tempo. Dar um gelo nele era sua maneira de fazê-lo pagar. Ela permitira que seu casamento de fachada continuasse. Nem Joan nem Greg tratavam de suas dificuldades de forma direta. Os dois haviam conspirado, silenciosa e inconscientemente, para criar um contexto que permitiu a deterioração de seu casamento. É claro que esse fato não justifica a infidelidade de Greg, mas Joan fora cúmplice na criação das condições do casamento que levaram ao caso extraconjugal. O processo de cura só pôde começar quando ela conseguiu reconhecer isso e sua intenção de puni-lo, deixando de expressar seus sentimentos mais profundos.

Os amigos e familiares de Joan reagiam a partir de pontos de vista limitados, de certo e errado, bom ou mau, preto ou branco. É pedir muito de nossos amigos e famílias que vejam um quadro mais complexo, mas se quisermos apoio de qualidade, é isso que precisamos fazer. Podemos dizer: "Por favor, não tome partido. A melhor ajuda que você pode me dar é me ajudar a ver minha parte no rompimento." Caso contrário, talvez seja melhor não contar a ninguém nossa versão unilateral da história.

8

*As únicas regras de um
casamento são aquelas que
os dois escolheram*

Quaisquer práticas ou regras que sejam acordadas por ambos podem funcionar num casamento, contanto que não façam mal a ninguém. Ao longo do tempo, podemos querer modificar acordos conforme mudarem as condições e perspectivas. Se levarmos a luz do discernimento à nossa experiência, poderemos reavaliar as conseqüências de nossos acordos e então melhorar, reformular ou eliminar de vez qualquer entendimento que já não esteja funcionando para os dois.

Ellen era uma advogada bem-sucedida que ganhava mais do que o marido, Herb. Após dar à luz a gêmeas, os dois decidiram que Herb deixaria o emprego e ficaria em casa com as crianças. Os pais do casal tinham sua opinião sobre a escolha pouco tradicional que eles estavam fazendo. Alguns dos amigos comentaram achar estranho que Herb fosse o "Sr. Mamãe". Estavam preocupados de ele não conseguir se encaixar no papel que estava assumindo. Apesar de algumas apreensões, Herb e Ellen implementaram seu plano. Herb ficou em casa com as crianças e Ellen era a provedora da única fonte de renda da família. As meninas floresceram com os bons cuidados de Herb. Ele adorava ficar em casa com elas, e

Ellen conseguia manter um bom contato com a família, sem ter de abrir mão da carreira que lhe era tão gratificante. Herb cuidou delas até ingressarem no jardim de infância e então voltou a trabalhar. Apesar do julgamento dos familiares e amigos, a família prosperou.

Todos crescemos com algumas idéias fixas sobre o casamento. É fácil esquecermos que muitas dessas noções não representam as coisas como *têm* que ser, pois, na realidade, elas estão sujeitas a interpretações e modificações. Embora as tradições religiosas e sociais ajudem a estabelecer alguns princípios do funcionamento do casamento, a relação corre o risco de perder a vitalidade e a paixão quando não incorpora as necessidades e os interesses sempre mutáveis de cada parceiro. O casamento não é uma entidade imutável, mas sim uma obra em progresso que convida a refinamentos constantes. Os bons casamentos dificilmente prosperam quando se baseiam em tradições não reavaliadas, mas florescem quando são continuamente criados pelos dois parceiros.

9

O compromisso não é uma prisão — é um meio para viver uma liberdade maior

CHARLIE: Quando fiz essa observação ao meu amigo solteiro Howard, ele me olhou como se eu tivesse perdido totalmente o juízo. Não posso culpá-lo pela reação. Não havia muito tempo, eu também achava que "compromisso" era palavrão. Somente após estar com Linda por alguns anos deixei de me sentir preso em uma armadilha e comecei a experimentar a natureza libertadora de um compromisso verdadeiro.

Antes disso, o problema era eu não estar realmente comprometido com o casamento. Claro que eu tentava manter as promessas e os votos por nós acordados, que iriam definir nossa relação, mas isso era mais uma questão de honrar minha palavra do que de entender o espírito dos nossos acordos. Na maior parte do tempo eu tinha a sensação de estar seguindo as regras, mas sem realmente abraçar a essência do pacto. Eu continuava resistente, o que se manifestava em pensamentos sobre como seria a vida se eu não tivesse me casado, na inveja de outros homens que não estavam amarrados e no ressentimento por ter perdido minha liberdade tão cedo. Esses pensamentos costumavam me deixar com pena de mim mesmo. Nesses dias, eu muitas vezes me pegava criticando

Linda e arrumando brigas para dar vazão à insatisfação que eu criara.

Graças a uma combinação de perseverança, ajuda de qualidade, o apoio de amigos, a compreensão de Linda e a maturidade que vem com o tempo de contato com a mesma situação, aos poucos cresci, vencendo a sensação de estar preso. Comecei a apreciar as várias bênçãos e benefícios de compartilhar uma relação com uma parceira amorosa e presente. Passei a valorizar a segurança de dividir a vida com alguém que conhece seu melhor e seu pior, e que não deixa de oferecer apoio quando você está em um dia ruim. Passei a acreditar que não poderia fazer nada para colocar o amor de Linda em risco. Isso liberou enormes quantidades de energia que antes estavam presas num esforço em buscar aprovação, que se repetira em todas as minhas relações.

Conforme nossa capacidade de amar o outro vai crescendo, somos cada vez mais capazes de descansar, sabendo que somos amados pelo que somos, não pelo que fazemos. Com o tempo, começamos a desenvolver uma fonte de amor-próprio que pouco conhecíamos antes. Sentir-se amado e realmente permitir isso proporciona uma liberdade fantástica: fica-se livre do medo da perda e livre para ser inteiramente você mesmo.

10

*Não é o conflito que destrói
os casamentos, mas o ressentimento
frio e reprimido produzido pela mágoa*

LINDA: Quando criança, sofri muito por causa da raiva, e como estratégia de autoproteção contra emoções fortes tornei-me complacente. Eu sabia que quando os ânimos esquentavam alguém saía machucado, e esse alguém poderia ser eu. Então passei a ignorar as diferenças e a evitar conflitos, sempre que possível. Quando ficava com raiva, enterrava essa emoção feia e fingia que estava tudo bem. Continuei a usar essa técnica mesmo depois de casada, até perceber o quanto isso me custava. Embora Charlie e eu não discutíssemos muito, vivi anos sentindo-me como vítima sempre que isso ocorria, sentindo pena de mim mesma e chiando com ressentimento sobre o quão injusta nossa relação me parecia ser.

Era eu, não Charlie, quem não aceitava os sentimentos de raiva. Quando brigávamos, geralmente era devido à minha incapacidade de me expressar honestamente. Charlie ficava com raiva quando descobria sentimentos que eu estava escondendo. Com o tempo, a tensão ficou insuportável e eu já não conseguia mais fingir que estava tudo bem. Finalmente, arriscando-me a vivenciar minha raiva, descobri que nosso casamento não só sobreviveu mas até melhorou. As diferenças criavam uma quantidade saudável de conflitos que inspiravam nossa relação com uma paixão que produziu maior intimidade e honestidade.

Ter menos medo do conflito que pode surgir das diferenças é um dos bônus que ganhei quando passei a confrontar minha raiva mais diretamente. Agora não me encolho quando percebo a possibilidade de uma desavença entre nós — em vez disso, sinto certa curiosidade e interesse, talvez até um pouco de excitação. Nunca imaginei que pudesse perder meu medo de conflito, mas perdi. Chamar isso de milagre pode parecer exagero, mas é isso que eu sinto!

11

*Se escolherem a monogamia,
mantenham-se firmes*

CHARLIE: Talvez nenhum aspecto do casamento seja mais provocativo, desafiador e mal entendido do que a monogamia. Mais do que um acordo de exclusividade sexual, a monogamia é na realidade um compromisso compartilhado de consagração do casamento, mantendo nossas experiências mais íntimas dentro do relacionamento. O principal efeito desse compromisso não é o de limitar experiências, mas sim de aprofundá-las.

Quando investimos nossa exclusividade sexual na relação, temos a oportunidade de conhecer e descobrir um ao outro e a nós mesmos de maneiras cada vez mais sutis e prazerosas. Nossas vidas passam a ter uma qualidade de mistério constante. Em um processo mútuo e compartilhado como esse, o tédio e a indiferença não sobrevivem. Um casal pode sentir excitação, paixão e surpresa juntos, mesmo após sessenta anos.

Quando as energias sexuais não estão focalizadas dessa forma, até mesmo a intensidade de um novo romance pode desvanecer rapidamente e tornar-se desinteressante e insípida. Quando sentimos desejo sexual persistente por outra pessoa, a verdadeira pergunta não é "O que há de errado com meu casamento?" mas sim

"Que tipo de atenção paramos de dar um ao outro?" e "Qual é o vazio dentro de mim que estou esperando preencher com a excitação de uma nova paixão?". Quando transferimos a energia e a atenção criadas por um novo romance para um compromisso mais profundo em veracidade e intimidade no casamento, o desejo de estar com outras pessoas perde seu domínio sobre nós.

Não é fácil manter o compromisso matrimonial. O desejo por intimidade física com outras pessoas pode persistir, não importa quanto amor houver na relação. Se não encararmos nossa resistência à tentação — nosso sacrifício — como a oferta sagrada que é, provavelmente teremos sentimentos de privação, ressentimento e autocomiseração, que por sua vez podem acabar levando à infidelidade sexual.

Nos primeiros anos de casado lutei, às vezes sem sucesso, com meu compromisso com a monogamia. Sei o quão difícil é mantê-lo. Por sorte, Linda e eu conseguimos curar a confiança abalada devido às minhas ações e reparar os danos antes de o relacionamento se deteriorar demais. Acredito que não teríamos conseguido fazer isso caso eu tivesse optado por mentir, em vez de reconhecer e contar a verdade para Linda. Trabalhar essas experiências nos ajudou a redescobrir que nosso compromisso com a monogamia é um presente de um ao outro, e não um sofrimento que temos que suportar. Ocasionalmente, sinto desejo e atração por outras pessoas, mas aprendi a lidar com isso e a evitar agir impulsivamente.

Com o tempo, o compromisso monogâmico se transforma na prática por meio da qual desenvolvemos e fortalecemos várias das qualidades necessárias a um casamento sólido. Quando nos comprometemos com a monogamia, estamos concordando com muito mais que apenas exclusividade sexual. Estamos afirmando que faremos tudo que pudermos para manter o maior nível possível de autenticidade e integridade em nossa relação. As recompensas de uma parceria que evolui e cresce continuamente se tornam mais atrativas do que um prazer fugaz, que é tentador porém muito menos satisfatório.

Afinal, a questão da monogamia não é moral. É, em essência, uma forma elevada de interesse próprio. Manter o acordo de monogamia cria um recipiente dentro do qual podemos experimentar maior profundidade e satisfação em nosso casamento e níveis mais elevados de autoconsciência e autodesenvolvimento.

12

*Não importa o que
você possui, mas o que
realiza com isso*

Sugie tinha 53 anos quando sua mãe morreu. Ele sempre morou com ela e nunca se casou. A morte da mãe foi uma perda muito sofrida. Antes de ela morrer, ele esporadicamente saía com diferentes mulheres, mas agora resolvera encontrar uma esposa. Sugie não era exatamente um solteiro desejável. Era baixo, gordinho e careca, mas sabia que tinha muito amor para dar. Tentou com tenacidade encontrar uma parceira. Após esgotar as possibilidades em sua pequena cidade em West Virginia, foi para Kentucky e começou a colocar anúncios no jornal local da cidade onde alguns amigos moravam.

Tess tinha 48 anos quando respondeu ao anúncio de Sugie. Ela passara a vida inteira nas montanhas. Seus dois maridos anteriores eram mineradores de carvão, que ficaram doentes e morreram cedo. O que Sugie e Tess tinham em comum eram o sofrimento, a solidão e os sonhos de um dia encontrarem um amor terno. Quando se conheceram, o vínculo foi forte e instantâneo.

Quando Sugie e Tess fazem sua caminhada diária, na hora do pôr-do-sol, andam de mãos dadas. Estão imensamente felizes por terem encontrado um ao outro. As pessoas que conheciam Sugie achavam que ele ficaria solteiro pelo resto da vida. Acreditavam que estivesse apenas "sonhando acordado" ao dizer "Quando estiver casado...". Mas ele sabia, com seu jeito quieto e determinado, que um dia ele manifestaria o desejo mais profundo do seu coração. Lembro-me de que Sugie costumava dizer: "Eu sempre soube que as palavras da minha avó Bertie eram verdadeiras. 'Toda panela tem uma tampa', dizia ela."

13

*Mesmo os bons casamentos
têm fases, e podem
ocorrer alguns invernos difíceis*

Sob a influência do mito "felizes para sempre" podemos ter a ilusão de que os bons casamentos são só ternura e alegria, sem fases de escuridão e dor. Para um casal, serem loucos um pelo outro infelizmente não garante felicidade eterna ou uma relação sem conflitos. Pode ser um choque descobrir que o nível de confiança aumenta ou diminui, assim como os sentimentos de boa vontade entre os dois. Há momentos difíceis em todos os casamentos. Podemos nos opor a passar por fases de incerteza, medo, decepção ou até mesmo traição, e quando o inevitável ocorre, podemos ficar furiosos, atordoados ou duvidarmos que o casamento sobreviverá a tal período de crise.

Nossa fé será testada. Esse fenômeno se dá em todos os relacionamentos, não apenas nos "difíceis". As relações que crescem em vez de sucumbir a essas provas se distinguem não pela profundidade dos desafios, mas pela disposição dos envolvidos a encarar tudo com honestidade e de forma direta. Essa disposição promove a força que nos aquece na estação fria. Assim como após o inverno vem a primavera, podemos passar pelo período difícil e a relação renascerá.

Brandon e Suzanne eram casados e tinham dois filhos. Eles se amavam, mas tinham um grave problema: Brandon era viciado em jogo. Com o tempo, a sensação de impotência dominou Suzanne. Aos poucos, seu amor foi contaminado pelo ressentimento. Ela tentou tudo que podia imaginar para influenciar Brandon, mas nada funcionava. As mentiras dele faziam tanto mal ao casamento quanto as perdas financeiras. No final, Suzanne mal conseguia olhar para ele, e ambos sabiam que o casamento havia acabado. Separaram-se e começaram a planejar o divórcio. Brandon foi morar em outro bairro e Suzanne ficou na casa com as crianças.

Sem o constante monitoramento de Suzanne, Brandon mergulhou ainda mais fundo em seu vício. Embora esperasse se sentir aliviado e livre sem as restrições de Suzanne, para sua surpresa sentia enorme solidão e vergonha. Até mesmo o jogo perdeu o poder de amenizar sua dor. Ele afundou em seu próprio inferno e finalmente chegou ao fundo do poço. Por desespero, gradualmente encontrou motivação para mudar sua vida.

Brandon deu o primeiro passo, começou a fazer terapia e a participar das reuniões dos Jogadores Anônimos. Aos poucos, se deu conta de como velhas feridas resultaram em sua necessidade de estímulo e excitação constantes. Nos dias de visita que tinha com as crianças, Brandon tentava fazer contato emocional com Suzanne. Ela reagia com frieza e praticidade. Ele tentou lhe falar sobre seus feitos e recuperação, mas ela estava fechada aos seus esforços. Ele escreveu cartas, sem obter resposta. Mesmo assim, continuou tentando. Brandon empenhou-se em uma campanha para reconquistá-la. Estava convencido de que tinha mudado para sempre e que agora era digno do amor e da confiança de Suzanne. Estava determinado não apenas a lhe dizer isso mas também a prová-lo. Foi um longo e árduo inverno.

Após um tempo, a primavera chegou. Um ano e meio depois do divórcio, os sentimentos de Suzanne por Brandon começaram a descongelar. Ela se permitiu começar a confiar no que ele dizia e fazia, apesar do medo de sofrer traição e decepção. Passou a confiar em Brandon o suficiente para permitir que ele voltasse a morar com a família, e dois anos após o divórcio eles se casaram de novo. Tiveram mais dois filhos e Brandon continua na linha há dez anos, sem mostrar sinais de recaída. O mais importante é que ele tem demonstrado seu compromisso em ser um marido e pai amoroso e responsável com suas ações, não apenas com palavras. Hoje eles têm um casamento muito mais sólido do que o primeiro.

A maioria dos casais não passa por rompimentos e reconciliações tão dramáticos, como no caso de Brandon e Suzanne, mas quase todos passam por alguma versão do ciclo de morte e renascimento. Às vezes, o mais rigoroso inverno pode ser prenúncio de uma feliz renovação primaveril.

14

*Sua relação primordial é com seu
parceiro, não com seus filhos*

Quando negligenciamos nosso relacionamento em prol dos filhos, não estamos atendendo às suas necessidades. Às vezes pode parecer que há uma competição por atenção entre nosso parceiro e nossos filhos. Se nos damos conta de que o bem-estar das crianças está diretamente ligado ao bem-estar do nosso casamento, nos sentimos menos culpados ou negligentes quando cuidamos de nossa relação primeira.

Para Betty, as crianças sempre vinham em primeiro lugar. Ela dizia que o marido Stefan era adulto, podia tomar conta de si mesmo e não devia precisar de tanta atenção. Nem mesmo quando as crianças entraram na adolescência e se tornaram jovens adultos ela mudou de postura. Ela justificava sua posição dizendo a Stefan:

— Você não está dando o suficiente para eles, então eu tenho que fazê-lo.

— Não estou me concentrando neles porque eles precisam andar com os próprios pés. Quando é que você vai deixá-los crescer? — respondia ele.

— Você não se importa com seus próprios filhos! — dizia Betty, em lágrimas.

Eles tiveram essa conversa centenas de vezes no decorrer do casamento. Infelizmente, nenhum dos dois conseguia ver que a maior vítima da crise não era o bem-estar dos filhos, mas sim do seu casamento. Por anos a relação definhou devido à falta de atenção, enquanto Betty e Stefan discutiam sobre as necessidades das crianças. Seus filhos haviam crescido, tornaram-se adultos, mas seu casamento não amadurecera nem um pouco.

A atenção incansável de Betty com os filhos era uma forma de evitar os verdadeiros problemas do casamento, que tinha ficado quase esvaziado de afeto e cuidados. A falta de disposição de Stefan de alimentar o casamento, reconhecendo sua própria solidão e tristeza, servia para perpetuar o erro. De forma irônica, porém previsível, os filhos por quem Betty sacrificara seu casamento também saíram perdendo nesse jogo. Perderam não só na qualidade do apoio que precisavam para se tornar pessoas mais independentes e responsáveis, mas perderam também a oportunidade de crescer sob os cuidados de uma parceria amorosa. Como resultado, nenhum dos dois tinha muitas esperanças em relação à perspectiva de ter um casamento bem-sucedido. Betty e Stefan conseguiram ficar juntos mesmo após os filhos saírem de casa, mas seu casamento continuou pouco satisfatório porque nunca trataram das verdadeiras dificuldades. Ficaram juntos porque era mais fácil continuar como estavam e porque tinham medo de ficar sozinhos.

Um dos maiores presentes que podemos dar aos nossos filhos é a demonstração de um casamento feliz. Mais do que qualquer outro feito, esse exemplo apóia e encoraja a possibilidade de construírem uma boa relação em suas próprias vidas. A hora de aprender sobre as bênçãos de um casamento não é após as crianças saírem de casa. Se não o tivermos feito até então, é provável que seja tarde demais. A época de criar o modelo de um casamento saudável é nos anos de crescimento das crianças.

15

*Se você pensa que é bom
demais para o seu
parceiro, reconsidere*

Fran e Erik se casaram muito jovens. Fran tinha sido a "filhinha do papai", sempre mimada e favorecida por um pai que a tratava como se ela não fosse capaz de fazer nada errado. Erik adorava Fran e fazia de tudo para tentar fazê-la feliz. Infelizmente, ela nunca ficava realmente satisfeita com o que Erik tinha a oferecer. Era fria e distante, indiferente às várias demonstrações de afeto do marido. No Natal, Erik passou muito tempo pensando sobre qual presente comprar para Fran. Foi a umas 12 lojas e finalmente escolheu um vestido vermelho que ficaria lindo nela. Na manhã de Natal, ficou observando ansiosamente enquanto ela abria o presente, esperando que ficasse tão satisfeita com o vestido quanto ele. Quando ela levantou o vestido da caixa, ele percebeu pela expressão em seu rosto que falhara de novo. Embora Fran tivesse agradecido educadamente, Erik sabia que ela trocaria o vestido. Quando começou a fechar a caixa, ele perguntou se ela não ia nem experimentá-lo. "Ele não é o meu estilo", disse ela friamente.

Erik ficou magoado. O evento foi um microcosmo do casamento deles: Erik dando o melhor de si e Fran esperando que ele soubesse o que ela queria, e depois o julgando um fracasso em relação às suas expectativas. Dali a poucas semanas, Erik pediu o divórcio. Ela ficou chocada. Embora Fran suspeitasse de que cedo ou tarde eles se divorciariam, nunca imaginou que a iniciativa viesse de Erik. Foi um golpe duro para ela, provocando um processo doloroso de auto-avaliação que acabou levando-a a ver que suas expectativas impossíveis haviam levado o casamento ao desastre.

Erik acabou casando-se com alguém que o apreciava. Com o tempo, Fran entendeu e se arrependeu da dor que infligira a Erik devido à imagem exagerada que tinha de si mesma. A lição foi dura e lhe custou a perda do casamento. O vestido vermelho se tornou um símbolo nas relações subseqüentes, lembrando-a de não cair de volta na antiga soberba. Fran finalmente renunciou ao trono da superioridade e casou-se de novo. Tornou-se uma pessoa mais bondosa e generosa no segundo casamento. Aprendeu o verdadeiro significado da palavra "humildade" e descobriu que não era necessário sacrificar seu poder pessoal ou o respeito por si mesma. Aprendeu que não era sábio querer que o casamento a fizesse feliz. Melhor seria usar seu relacionamento para se tornar uma pessoa mais amorosa e realizada.

16

Crescer em uma família feliz não garante um bom casamento, assim como crescer em uma família infeliz não o impede

LINDA: Tenho uma amiga chamada Sally. É uma daquelas raras pessoas que cresceram em uma família segura, amorosa e feliz. Seus pais se amavam muito. Eram dedicados e lhe deram estrutura suficiente para que se sentisse segura e livre para explorar e investigar o mundo. Sua avó morava com a família e também era muito amorosa. Não havia gritos e todos conversavam quando era necessário tomar uma decisão. Sally cresceu em meio à generosidade e ao amor de três adultos. Sally foi a primeira pessoa que conheci com uma família desse tipo. Eu pressupunha que uma pessoa que crescesse em circunstâncias tão idílicas teria a garantia de uma vida harmoniosa e um casamento feliz. Mas não acontece assim. Embora Sally tenha um casamento feliz atualmente, teve várias dificuldades para chegar a isso, tendo que aprender a brigar e a impor limites. Quando criança, ela nunca precisara fazer isso.

Minha infância, diferentemente da de Sally, não foi nada ideal. Casei-me com medo de que as experiências familiares do passado limitassem minha capacidade de criar o tipo de vida que eu gostaria de ter com Charlie. Eu invejava aqueles que imaginava terem sido abençoados por crescer em uma família feliz. Contudo, percebi que, embora eles tenham a vantagem de saber como um casamento feliz pode ser, ainda precisam trabalhar suas questões, como todos nós. A maioria das pessoas vem de famílias que estão longe de ser perfeitas, para dizer o mínimo. Nossos pais, assim como os pais deles, tinham capacidade limitada de oferecer amor incondicional, deixando-nos com feridas e decepções que levamos para nossas relações adultas.

Essas feridas não necessariamente limitam nossa capacidade de amar. Na realidade, podem ser o meio para desenvolvermos mais compaixão e sensibilidade em relação aos outros e a nós mesmos. Com o tempo, passamos a entender que as experiências passadas não precisam limitar nossa capacidade de oferecer e receber amor. Pelo contrário, nosso potencial amoroso pode se aprofundar quando vivemos e aprendemos com nossas experiências dolorosas. As feridas em si se tornam as professoras, enquanto recuperamos nossa capacidade de manter o coração aberto. Quando trabalhamos mágoas antigas de maneira suave, cuidadosa e sábia, elas se tornam o caminho para um amor de riquezas inimagináveis.

17

*Nunca é tarde demais
para recuperar
a confiança abalada*

Não há estatutos de limites em relação a sentimentos feridos ou confiança abalada. A má notícia é que a dor de questões em aberto pode continuar por anos a fio; a boa notícia é que nunca é tarde demais para curar feridas antigas, mesmo que tenham ocorrido há muito tempo.

Rose tinha 69 anos e Harry 78 quando ele sofreu um grave ataque cardíaco. Por cerca de dois anos, Rose dedicou-se à recuperação de Harry. Ambos concordavam que sua devoção e cuidados literalmente salvaram a vida dele. Contudo, em meio ao processo de cuidar de Harry, Rose exagerou e começou a sofrer de "fadiga de compaixão". Pouco tempo após a recuperação de Harry, Rose ficou doente e deprimida. Harry e ela eram sócios em um negócio bem-sucedido e naquele momento estavam diante da possibilidade de perdê-lo devido à deterioração da saúde de ambos. Como achavam que ainda não era hora de se aposentar, os dois lutaram para salvar o negócio, apesar da infelicidade, exaustão e crescente ressentimento de Rose.

Harry aceitou bem a oportunidade de retribuir a devoção da esposa e passou a cuidar dela com afinco, conforme sua força foi voltando. Mas os acontecimentos não seguiram conforme planejado. Rose não confiava na profundidade dos sentimentos de Harry por ela. Tinha medo de que se realmente precisasse, ele não a apoiaria. Conseqüentemente, Harry muitas vezes sentia que aos olhos dela ele era incapaz de agir corretamente, e frustrava-se por seus esforços não a agradarem. Rose reconhecia que não haviam criado uma base sólida de intimidade profunda em seu casamento, e temia ser tarde demais. Juntos decidiram procurar uma terapia para casais. Harry aprendeu a ser mais compreensivo com Rose e paciente com ele mesmo. Parou de discutir com ela, o que antes gerava brigas de poder, e passou a demonstrar-lhe seu amor e gratidão, sem se importar com o modo como isso era recebido. Como forma de demonstrar seu amor, Harry ia à terapia individual ou de casais toda semana. Também passou a fazer as compras, cozinhar e dizer a Rose que a amava todos os dias. Procurou possíveis compradores para o negócio deles, levou-a ao Havaí, e passou a escutar pacientemente suas queixas, reagindo menos aos seus rompantes e críticas. Ele até fez canja de galinha pela primeira vez na vida!

A vida sexual de Harry e Rose não era ativa. Os roncos, a tosse e a agitação dele fizeram com que dormissem em quartos separados. Eles concordaram em experimentar um ritual de deitar na cama, um ao lado do outro, para ficarem próximos antes de irem para seus quartos. Aos poucos, um sentimento de bondade e ternura voltou ao casamento. Com o passar de alguns meses, sua intimidade foi aumentando. Rose acabou aceitando os esforços de Harry, ficando mais suave e amorosa com ele. Os meses de atenção focalizada na relação renderam uma ternura e confiança que nunca haviam experimentado. Finalmente, conseguiram desenvolver o amor que sempre desejaram.

18

Segredos são mentiras

Angela queria tanto se casar com Ted que concordou com sua opção por não ter filhos. Em seu coração, porém, ela nutria a esperança de conseguir fazê-lo mudar de idéia. Após oito anos casados, Ted descobriu que Angela tinha feito um contrato com um banco de esperma. Em 18 meses, ela gastara milhares de dólares tentando engravidar. Certo dia, quando viu uma conta em casa, Ted pensou: "O que será isso?", e perguntou a Angela. Incapaz de continuar escondendo e incomodada por tê-lo enganado, Angela finalmente contou a verdade. Ted mal podia acreditar.

— Não acredito que você tenha me enganado! Como você pôde mentir assim pra mim?

— Eu nunca menti. Apenas não contei o que estava fazendo. Era como um segredo.

— Você mentiu para mim! E mentiu também quando me disse que não queria ter filhos — gritou Ted.

— Isso não é verdade. Eu realmente achava que não ia me importar em não ter filhos, mas meus sentimentos mudaram e fiquei com medo de lhe contar. Tive medo de você não entender e não querer mudar sua decisão original.

— Então você também mentiu para mim quando mudou de idéia — disse ele.

— Não, só não falei nada. Isso também era segredo.

Não nos surpreende que Ted e Angela não tenham conseguido continuar juntos. Não só por causa da questão de ter filhos, mas porque esse exemplo foi apenas um, dentro de um padrão maior que incluía várias omissões. Ambos ficavam racionalizando, achando que o outro não compreenderia ou que discutir certos assuntos poderia piorar a situação. A racionalização mais destrutiva foi acreditar que tais segredos não eram mentiras, mas apenas omissões, que de algum modo poderiam ser mais facilmente desculpadas.

Qualquer tentativa premeditada de enganar o outro sobre como nos sentimos ou sobre o que fizemos é danosa à relação. Chamá-las de mentiras ou segredos é irrelevante. O que importa é a intenção. Quando a intenção é a de criar uma impressão enganosa, mesmo quando o desejo é de "proteger" nosso companheiro, o resultado da descoberta sempre será a diminuição da confiança. O casamento requer um alto nível de integridade, como qualquer outro compromisso em nossas vidas. Acabar com os segredos não nos tira o direito de privacidade, e quando nos comprometemos com esse alto nível de integridade, nossa relação prospera.

19

*O sexo pode melhorar
com a idade*

Uma das queixas mais comuns que ouvimos dos casais é a de que sua vida sexual ficou sem graça, que o fogo que acendia sua paixão diminuiu ou até mesmo se extinguiu totalmente. Embora com o tempo a satisfação sexual diminua para alguns casais, isso não é inevitável. Em vários casos, os fatores de maior impacto sobre a qualidade de sua experiência sexual são as expectativas e o grau de confiança na relação. Acreditamos que os três aspectos que mais contribuem para a diminuição da vida sexual são: 1) a crença de que isso é inevitável; 2) a diminuição ou perda de confiança devido a sentimentos não expressos ou resolvidos entre o casal e 3) a tendência a responsabilizar a outra pessoa pela vitalidade sexual da relação. Quando os casais se queixam, dizendo que "O brilho do nosso casamento acabou", isso geralmente se deve a uma ou mais das condições enumeradas. O verdadeiro problema costuma estar ligado a estados mentais defensivos que limitam o relacionamento autêntico. É mais uma "rigidez" do que um desgaste da anatomia.

Para muitos casais, o sexo melhora com o tempo. Embora a experiência sexual esteja sujeita a perder parte do fogo e da intensidade dos primeiros anos de paixão, ela pode se tornar mais terna, rica, com maior deleite sensual. À medida que conhecemos a mente, o corpo e a alma um do outro mais intimamente, nos tornamos aptos a reagir não só de modo fisicamente estimulante, mas também de maneira enriquecedora emocional e espiritualmente. Ao envelhecermos e nos tornarmos mais intensos, como resultado das experiências da vida, passamos a ver que somos mais do que nossos corpos amadurecidos. Podemos desfrutar o tipo de união mais tranqüila e espontânea que surge quando as pessoas se conhecem mais profundamente. A ansiedade do desempenho e o constrangimento são dissipados, e podemos nos banhar no deleite da descoberta sensorial sem inibições. Esse tipo de troca de prazeres engloba mais que os genitais ou o corpo e se estende à totalidade do ser. Tal experiência só é possível após nos libertarmos das garras das expectativas limitadoras. A confiança e a intimidade profundas que resultam de anos de relacionamento autêntico expandem nossa capacidade de contentamento por meio da experiência compartilhada. Quando ambos apoiarem o crescimento mútuo, a relação sexual nunca ficará sem sal ou se tornará um tédio. Conforme nossa capacidade de viver mais plenamente aumenta, o mesmo ocorre com a capacidade de nos conectarmos com o outro, não apenas sexualmente, mas de outras formas também.

20

*Se você está acompanhando o ritmo
das pessoas à sua volta, provavelmente
está indo rápido demais*

LINDA: Durante grande parte de minha vida achava que mais era bom, e mais rápido era melhor. Agora sou uma ansiosa em recuperação, e a vida está bem mais doce, embora a mudança não tenha sido fácil. Quando queria continuar na cama de manhã, me aconchegar antes de começar o dia, era comum me deparar com a resistência de Charlie e também com minha ansiedade de correr para fazer tudo. O patrão dentro da minha cabeça gritava: "Levante-se, não perca tempo, há muito o que fazer, não seja preguiçosa!" Quando eu queria ir para a cama mais cedo e relaxar após um dia corrido, a autocrítica me acusava de fraqueza e insistia para que eu me forçasse a ser produtiva até tarde da noite. Eu abarrotava todos os dias com inúmeras atividades, conversas, telefonemas, encontros e incumbências. Todos à minha volta pareciam estar correndo tão ou mais rápido ainda, competindo tanto ou mais que eu, e estávamos todos sem fôlego.

Então, um dia recebi a chocante notícia de que estava com câncer, e de uma hora para outra tudo mudou. Não há nada como uma doença que ameace a vida para forçar uma pessoa a olhar tudo sob nova perspectiva. Subitamente, aquilo que tinha tanta importância pareceu trivial. Ocupar a vida com atividades que me mantinham em movimento contínuo durante todo o dia já não fazia sentido. Minhas prioridades mudaram drasticamente conforme fui perdendo grande parte da motivação que me impelia a executar e conseguir coisas. Parei de ser um "fazer humano" e comecei a viver como um "ser humano", mais consciente do que era importante para mim, daquilo que meu coração realmente desejava.

As primeiras mudanças que percebi foram o anseio de mais intimidade com Charlie e a sensação de tristeza por não tê-la. Embora nos últimos anos estivéssemos passando mais tempo juntos, a verdade era que eu queria ainda mais, mas achava que estava sendo gananciosa. O câncer mudou isso! Charlie e eu começamos a criar novos momentos de intimidade, desde mínimos intervalos durante os dias de trabalho a escapadas de final de semana juntos e férias sem as crianças — algo que raramente fazíamos antes. Eu parei de correr. Contratei pessoas para trabalhar comigo e fazia tudo que fosse necessário para diminuir meu ritmo.

Descobri que, embora a vida corrida possa ser muito estimulante e excitante, nem sempre promove relacionamentos amorosos e íntimos. A mente viaja mais rápido que o coração. O vínculo que buscamos com nosso amado necessita de um tempo mais lento. Assim, se quisermos diminuir o ritmo, precisamos estar dispostos a viver a ansiedade e a impaciência que geralmente acompanham tal mudança. Ir mais devagar, ficar mais quieto e prestar mais atenção aos nossos próprios sentimentos e necessidades, assim como aos do nosso parceiro, terá mais resultados que qualquer outra atitude no sentido de restaurar a saúde e o bem-estar em nossas vidas e relacionamentos. Perder o vício da correria pode levar um tempo, mas, uma vez isso feito, nossas vidas serão transformadas positiva e permanentemente.

21

*Se você não consegue ser feliz
sem seu parceiro, vocês
não serão felizes juntos*

CHARLIE: Na verdade, nos casamos por uma única razão: acreditamos que seremos mais felizes casados que solteiros. Os seres humanos desejam ardentemente a felicidade e farão o que acharem necessário para tornar suas vidas melhores. Casei-me com Linda porque me sentia melhor com ela ao meu lado e acreditava que se ficássemos juntos, poderíamos criar ainda mais felicidade. Parecíamos fazer bem um para o outro. Na realidade, Linda e eu éramos jovens e imaturos, e nenhum dos dois estava disposto a realmente tentar descobrir por que não tínhamos o nível de felicidade desejado em nossas vidas. Sabíamos que a vida era melhor, mais fácil e menos solitária quando estávamos juntos... mas nem sempre era assim. Achávamos que as dificuldades existiam porque um de nós estava sendo egoísta, se recusando a dar o que o outro desejava naquele momento — intimidade, apreciação, sexo, atenção, compreensão. Ou achávamos que o outro estava oferecendo demais algo que não queríamos — conselhos, críticas, controle, julgamento, ressentimento, desilusão ou distância.

Só após alguns anos de casados ficou claro para nós que a felicidade individual dependia de cada um. Enquanto ficássemos responsabilizando o outro por nos satisfazer, não haveria fim para a culpa, o ressentimento e a autopiedade. Há uma enorme diferença entre desfrutar a felicidade que seu parceiro traz à sua vida e encarar isso como uma obrigação do outro em fazer você feliz. Infelizmente, muitos de nós entramos no casamento acreditando que seremos resgatados, num passe de mágica, da infelicidade de se sentir pouco amado, desvalorizado, solitário, inseguro ou deprimido. A crença em que "O amor cura todas as feridas" é ainda muito disseminada em nossa cultura, e esse é um mito que precisa ser adequadamente enterrado.

Quando sua felicidade requer algo de outra pessoa, o que se tem não é amor — é co-dependência. Apesar dos padrões da música country, o amor verdadeiro não é nada do tipo "Estou tão só que poderia morrer" ou "Não sou nada sem você", nem é sentir que "Você é meu mundo, você é meu tudo". Essa pode ser a essência das baladas românticas, mas na prática é uma receita certa para a dependência excessiva, que fomenta o controle, o ressentimento e a infelicidade. Quanto maior for sua capacidade de criar sua felicidade interior, conhecida como alegria, mais feliz você será com a outra pessoa.

Quando nos responsabilizamos pela cura de nossos pontos internos de desamor, aceitando o amor do companheiro, começa a haver cura e felicidade verdadeiras. Paradoxalmente, embora possamos não ser realmente felizes sem o amor de outra pessoa, o amor alheio por si só não é suficiente para nos sentirmos realizados. O que ele pode fazer é acender a fagulha do amor-próprio, enterrado no fundo do nosso coração, de forma que possamos reconhecer, alimentar e nutrir tal sentimento até se tornar um grande fogo, que consumirá a vergonha, a insegurança, a raiva e a dor — as verdadeiras fontes da nossa infelicidade. Quando duas pessoas interagem desse modo, podem experimentar uma alegria mais profunda do que jamais imaginaram.

22

O casamento é como o ioga

LINDA: O hatha ioga, o aspecto físico de um sistema espiritual da Índia, está cada vez mais popular no Ocidente. A técnica consiste em posturas, ou *asanas*, que envolvem a extensão dos músculos, atenção à respiração e práticas de meditação. Como praticante do ioga há vários anos, descobri que muitos dos seus princípios podem ser aplicados ao casamento. Assim como a prática do ioga nos leva a desenvolver um corpo forte, atraente e saudável, a prática regular de um ioga do relacionamento nos leva a um casamento forte e belo.

Desenvolvemos força e flexibilidade estendendo-nos até o mundo do nosso parceiro. Por tendermos a sentir atração por pessoas que são bastante diferentes de nós, os relacionamentos oferecem oportunidades constantes para se praticar a expansão, abrindo-nos a sentimentos, comportamentos, gostos, preferências e valores que podem ser muito diferentes daqueles que nos são familiares e confortáveis.

A conexão íntima requer estender-se ao ponto da aflição. O desafio não é evitar o desconforto, mas perseverar para melhor compreendermos nosso parceiro e nós mesmos. Como no ioga, precisamos manter a flexibilidade para nos tornarmos mais hábeis em tolerar o desconforto, mas precisamos nos conhecer bem o suficiente para identificar a hora de relaxar para não nos machucarmos. Alongar-se demais pode ser nocivo, mas se relaxarmos prematuramente nunca ficaremos mais fortes. É encontrando esse delicado ponto de equilíbrio que nos beneficiamos do ioga e do nosso casamento.

Com tempo de prática, desenvolvemos a capacidade de tolerar níveis de desconforto cada vez mais altos, ficando imóveis em posturas difíceis. Essa flexibilidade permite que criemos tônus. No casamento ocorre o mesmo. Gradualmente, nos acostumamos a posturas que antes achávamos demasiadamente desconfortáveis. Não se trata de aceitar uma situação intolerável, tal como abuso ou desrespeito, mas sim de elevar nossos níveis pessoais de força, receptividade, flexibilidade e aceitação. Ficamos presentes com nossos sentimentos de tristeza, raiva ou medo. Quando damos as boas-vindas e abraçamos esses sentimentos, podemos continuar conectados ao nosso parceiro, de coração aberto. Podemos até manter novas posturas que nunca nos imaginamos capazes de tolerar, e temos a agradável surpresa de descobrir que podemos encontrar equilíbrio nelas.

Hatha significa força, *ioga* significa união. A força resulta da união de *ha*, que significa sol, com *tha*, que significa lua. Em muitas tradições espirituais, associa-se o sol ao masculino e a lua ao feminino. A prática de unir o masculino e o feminino em equilíbrio resulta em grande força. Quando praticamos as posturas do ioga, o masculino e o feminino internos se equilibram, resultando em um corpo maleável e gracioso. Quando usamos nosso casamento como uma prática, o masculino e o feminino internos também se equilibram. Em vez de resistir aos princípios masculinos de atividade, iniciativa, competição, penetração e assertividade, aprendemos a honrar essas energias. Em vez de denegrir os princípios femininos de receptividade, passividade, sensibilidade, entrega e paciência, passamos a respeitá-los e apreciá-los. Se o sol e a lua internos de um indivíduo podem coexistir em harmonia, então as energias de dois indivíduos podem se harmonizar para manifestar-se em uma parceria graciosa e flexível.

No ioga, a prática regular leva a maior competência, e a prática diária em longo prazo nos permite a excelência na arte. O mesmo ocorre com o ioga do relacionamento. A prática constante de lidar com as diferenças com generosidade e boa vontade serve para fortalecer tanto os indivíduos quanto o relacionamento em si.

Um dos objetivos da prática do ioga é tornar-se fisicamente saudável por meio de estímulos aos sistemas corporais: respiratório, circulatório, muscular, esquelético, digestivo, excretor e reprodutivo. Praticamos para melhorar nossa energia, para continuarmos juvenis e vitais na idade avançada, e para desfrutarmos uma vida longa e produtiva. Esses mesmos benefícios estão disponíveis àqueles que adotam o ioga do relacionamento como sua prática. Conforme demonstram provas científicas recentes, os que têm bons casamentos sofrem menos doenças e vivem mais tempo. Por meio de contemplação, devoção e ação, os praticantes do ioga têm experiências de estados de êxtase, assim como paz de espírito. Tendo consideração e sendo ativos em sua devoção, o casal também pode experimentar estados de êxtase e uma qualidade profunda de paz interior.

23

O príncipe não vai aparecer

Holly cresceu com um pai que mimava filha e esposa. Ela o idolatrava e idealizava, e vivia com luxo e conforto. Achava fácil acreditar em contos de fadas que terminavam em "felizes para sempre". Quando se casou, ficou chocada ao descobrir que seu marido tinha defeitos. Holly sofreu meses de infelicidade. Ela estava certa de ter escolhido o homem errado. Ela fantasiava achando que, se tivesse se casado com um outro tipo de homem, mais parecido com seu pai, teria continuado a viver uma vida encantada. Quando não estava ressentida devido às expectativas frustradas que tinha em relação ao marido, se culpava por ser uma esposa péssima e ingrata. Ela ficou deprimida e acabou procurando terapia. Seu terapeuta tentou ajudá-la a ser mais realista em relação às suas expectativas da vida de casada e procurar fazer escolhas que lhe dessem maior satisfação. Com ajuda, um lado mais realista de Holly começou a se desenvolver. Mesmo assim, a romântica infantil não queria abrir mão de seus sonhos.

Um dia, Holly literalmente despertou para a consciência de que seus sonhos e expectativas não tinham substância e eram construídos sobre desejos e medos infantis. Aos prantos, telefonou para o terapeuta e disse: "Fui traída. Por que ninguém me contou a verdade? Todas as histórias de fadas não passam de fantasias. Ninguém vai tomar conta de mim. Sinto-me tão boba por ter acreditado em todas aquelas baboseiras. Tudo em que acreditei está errado." Foi um despertar doloroso, porém poderoso.

Holly se comprometeu a aprender a cuidar de si mesma emocional, física e financeiramente. Com o passar do tempo, abriu seu próprio negócio e tornou-se uma empresária bem-sucedida. Também conseguiu criar um casamento saudável. Esse novo casamento foi com seu marido, o mesmo homem que ela um dia julgou ser uma decepção. Agora ela era capaz de aceitá-lo com suas falhas humanas.

Algumas mulheres somente se dão conta de que seu príncipe não vai aparecer quando já estão casadas, outras já em meio a um penoso divórcio. Tristemente, algumas envelhecem sozinhas, ainda esperando. Os mitos românticos demoram a morrer. Possuímos uma parte teimosa que deseja desesperadamente acreditar que alguém lá fora irá satisfazer todos os nossos desejos e nos trará alegria, alívio e paz. Hoje em dia, Holly ainda adora histórias de fadas, mas suas favoritas são as que têm bruxas más e gigantes bobos. Ela sempre diz às amigas mais novas para prestarem atenção às imagens do lado escuro, porque isso também faz parte da vida.

24

*Procurar ajuda quando não conseguimos
resolver nossos problemas não é sinal de
fraqueza — é sinal de inteligência*

LINDA: A maioria dos casais demora muito a procurar ajuda. Quando temos vergonha de pedir ajuda sofremos muito, desnecessariamente, em segredo e isolados. A hora de buscar socorro para o casamento é quando um (não os dois) sentir essa necessidade. Fazer esse acordo antes da situação se deteriorar ajuda a intervir logo no início e a evitar discussões dolorosas e demoradas mais tarde.

Em certa ocasião, ouvi Malidoma Somé, um curandeiro e ritualista, contar uma história sobre sua terra natal. Ele é da tribo Dagara, de Burkina Faso, África Ocidental. Nessa comunidade, todos entendem que o bem-estar da tribo depende do sucesso de cada casal. A tribo inteira apóia o casal. Se uma mulher tentar comunicar algo importante ao marido e ele não responder, ela procura suas amigas. Inicialmente, elas a aconselham, e se o marido não responder, falam diretamente com ele. A essa altura, ele normalmente fica motivado a agir, porque se nada der certo após sua conversa com as mulheres, o próximo recurso da esposa é abordar os outros homens da tribo. Geralmente, o marido se retrai ante a perspectiva de ser confrontado pelos outros homens. É claro que isso funciona igualmente para todos. O marido tem acesso ao mesmo sistema de apoio, caso sua esposa se feche para algo que é importante para ele. Primeiro, ele procura aconselhamento com os homens; depois, seus amigos podem encontrar-se cara a cara com a mulher dele. Como último recurso, ele procura as mulheres da tribo.

Para muitos de nossa cultura, essa tradição parece uma terrível invasão de privacidade. Porém, vejo uma grande sabedoria nesse alto grau de apoio comunitário. Lembro-me de várias ocasiões em que queria desesperadamente chegar até Charlie e acabei frustrada por não conseguir. Tenho certeza de que o impasse seria resolvido se tivéssemos um sistema que permitisse a influência de amigos e familiares. Ainda que seus conselhos às vezes possam não ser úteis, todos precisamos do amor e do companheirismo dos nossos amigos, mesmo quando está tudo bem. Precisamos do seu apoio principalmente se ocorrem as inevitáveis tensões e os desafios da vida. Somé diz que na cultura americana o casal começa no topo da montanha e cai. Em sua tribo, o casal começa na base da montanha e a comunidade inteira os apóia até o topo. É o casal sábio que pede ajuda à família, aos amigos e aos profissionais. Todos nós temos pontos cegos e às vezes podemos nos beneficiar de contribuições e avaliações objetivas. Quando a vida nos derruba, aqueles que nos amam podem ajudar a nos reerguermos de volta.

25

*Uma pessoa, por mais que ame
você, não será capaz de satisfazer todas
as suas necessidades emocionais*

Outro mito popular sobre casamento é o de que, se alguém nos ama inteira, pura e incondicionalmente, então não deveríamos precisar do amor ou apoio de ninguém mais. Essa noção errônea tem sido motivo de sofrimento, decepção e desilusão para muitos casais. Embora o casamento possa ser um deleite, benéfico, desafiador e estimulante, é pura fantasia acreditar que essa relação por si só possa nos realizar. Também precisamos de amigos, um trabalho que satisfaça, solidão saudável, lazer e outras experiências na vida para satisfazer às necessidades de nossa alma. As expectativas irreais são um convite à decepção.

Embora só exista uma palavra para expressar "amor" na língua inglesa, há mais de trezentas palavras para descrever diferentes tipos de amor em páli, a língua do antigo Budismo, e 76 em persa. Quantos tipos de amor existem? Para os iniciantes, há o amor parental, o amor filial, o amor platônico, o amor constante de um amigo, o amor da beleza, o amor ardente de um novo romance e o amor profundo que sustenta um casamento duradouro. Uma única pessoa é incapaz de nos amar de todas as maneiras que precisamos ser amados. Aliviar nosso parceiro e nós mesmos da obrigação de prover toda a gama de necessidades amorosas que temos confere uma qualidade de amor mais verdadeira, forte e sustentável ao relacionamento.

Os vários tipos de amor satisfazem nossas várias necessidades. Uma necessidade é algo essencial à nossa saúde e bem-estar. Algumas podem ser satisfeitas por nós mesmos; outras, apenas com relacionamentos íntimos ou parcerias de compromisso; outras, ainda, com outros tipos de relacionamento. Se acreditarmos que podemos ou devemos ser tudo para nosso parceiro, ou vice-versa, a relação provavelmente rumará ao desastre. Esse é um fardo impossível, que nenhum indivíduo é capaz de carregar, e a expectativa em si já prepara o terreno para a decepção e o fracasso. Essa expectativa pode ser um leve disfarce do desejo de possuir e controlar a outra pessoa, uma estratégia de manipulação que brota do sentimento de insegurança ou pouca valia. Quando nos sentimos mais seguros em relação ao nosso valor e nosso merecimento de ser amado, não precisamos mais limitar as pessoas com quem compartilhamos nosso amor.

Quanto maior a segurança interna, maior capacidade teremos de dar ao nosso parceiro o espaço necessário para incluir outras relações de amor em sua vida. Oferecer essa generosidade de espírito e a confiança subjacente que isso demonstra provavelmente nos tornará ainda mais atraentes para nossos parceiros e os farão nos apreciar ainda mais. Essa gratidão volta para eles, quando gostamos de seu carinho, e nos sentimos seres valiosos e merecedores de amor. Assim, completamos um círculo positivo de auto-afirmação que substitui o círculo vicioso de desconfiança que poderia estar ocorrendo anteriormente. Embora tais transformações possam parecer improváveis, nós somos a prova viva de que são possíveis e de que sem dúvida alguma valem todo o tempo e o esforço que demandam.

26

O amor nem sempre é o suficiente para sustentar um casamento

Os casais costumam ser capazes de resolver suas diferenças de personalidade e de criar espaço para que essas diferenças possam coexistir. Contudo, há divergências quase intoleráveis. Diferentes preferências sexuais, desejos de ter ou não ter filhos e sérias divergências de valores sobre questões como honestidade ou monogamia podem significar o fim de um casamento.

Serafina e Mica eram casados e tinham dois filhos, um cursando o maternal e o outro a primeira série. Serafina tinha muito amor por Mica, mas com o passar do tempo ela sentia cada vez mais que ele não retribuía seu afeto. Quando expôs sua inquietação a Mica, ele negou não se interessar mais por ela, mas Serafina não se convenceu. Fez de tudo para se tornar mais atraente, mas nada que tentasse parecia surtir efeito.

Finalmente, Mica revelou que teve várias relações homossexuais durante o casamento. Serafina ficou arrasada. Nunca suspeitara que seu marido fosse gay. Sempre pensou que ele não a achava sexy ou que não a amava. Mica lhe disse que escondera a verdade dela por ter muito medo de como ela reagiria e de como isso poderia arruinar a família deles. Ele sabia que sua vida inteira mudaria no momento em que revelasse esse pesado segredo. Serafina, normalmente uma pessoa muito compassiva, não conseguia entender. Ficou enfurecida devido às mentiras e traições que vinham acontecendo há anos, e indignada por Mica tê-la exposto a graves riscos de saúde.

Ambos concordaram que seu casamento não poderia nem deveria ser salvo, e assentiram em se separar. Em seguida, Mica revelou a verdade ao resto da família e aos amigos mais próximos. Serafina e Mica conversaram muito tentando reparar os danos do relacionamento de forma que pudessem ser bons pais para os dois filhos. Ela conseguiu entender que Mica não tinha culpa de ser homossexual e aceitou que não havia escolha quanto à sua preferência. Ela também entendeu que, quando se casaram, ele ainda não havia se permitido reconhecer sua verdadeira opção. Após muito conversarem, ela conseguiu compreender o pavor que ele sentia de contar às pessoas a verdade, em uma sociedade que ainda tem tantos preconceitos.

Mica continuou a ser um pai dedicado aos seus dois filhos. Após um período de recuperação emocional, Serafina e Mica puderam cultivar uma amizade que os apóia até hoje. Na realidade, como outros casais que resolvem suas diferenças mais profundas após a dissolução do casamento, se tornaram muito mais amigos do que eram quando estavam casados.

27

*A intimidade verdadeira
só pode existir entre iguais*

Melony e Jude mal haviam saído da adolescência quando se casaram. Assim como vários outros casais, nenhum dos dois tinha vivido ou observado muita intimidade genuína em suas vidas ou famílias antes de se conhecerem e se unirem. A mãe de Melony era uma supermãe hiper-responsável que trabalhava tempo integral, fazia as compras, cozinhava, limpava a casa, gerenciava o dinheiro, ajudava os filhos com o dever de casa e era voluntária na igreja no seu tempo livre. Melony cresceu acreditando que era isso que uma boa esposa e mãe devia fazer. Tentar viver à altura dessas expectativas impossíveis deixava-a exausta, esgotada e ressentida. Normalmente, se sentia estressada e ansiosa.

Seu marido, Jude, tinha um temperamento totalmente diferente. Era relaxado a ponto de às vezes ser irresponsável, e tinha parâmetros de ordem e controle em sua vida bem menos exigentes. Melony tratava Jude como se fosse uma das crianças. Às vezes, ela concordava com seus freqüentes pedidos e exigências, outras vezes não. Embora Jude dissesse que não se importava com os constantes lembretes de Melony, estava quase sempre ressentido e freqüentemente deixava seus sentimentos extravazarem. Enquanto isso, Melony sentia cada vez mais raiva de "ter de" fazer tanta coisa sozinha.

Como era de se esperar, Jude e Melony já não podiam conter essas emoções. A situação chegou ao limite quando Jude começou a ter um caso com uma das melhores amigas de Melony. Dizer que Melony ficou transtornada quando soube da notícia pela amiga seria pouco. Na opinião dela, uma morte lenta e agonizante para Jude e sua amiga teria sido uma conseqüência inadequada pelo crime. Sua primeira reação foi botar Jude para fora de casa. Dali em diante as coisas só pioraram.

Jude não estava acostumado a viver em um hotel barato, nem a morar sozinho. Ele não estava nem um pouco satisfeito com os acontecimentos. Havia subestimado totalmente a disposição de Melony de viver sem ele. Determinado a reconquistá-la, pediu uma segunda chance. "De jeito nenhum!", ela insistiu. Ele implorou, suplicou, pediu desculpas e prometeu nunca fazer aquilo de novo. Devagar, a resistência de Melony foi cedendo e, após três meses, ela concordou em ir a um conselheiro matrimonial. Aos poucos, foram vendo como tinham conspirado para criar o ambiente que culminara no caso de Jude. Ficou óbvio para ambos como o papel do menino malcomportado e da mãe controladora havia predisposto seu casamento ao desastre. Eles assumiram a tarefa de reconstruir a estrutura do seu relacionamento de um modo que tivesse maior igualdade e responsabilidade compartilhada.

Eles conseguiram voltar da beira do abismo em cima da hora. Durante a terapia, Melony viu que, por ter assumido uma posição de poder e controle, tomando decisões sem a colaboração de Jude, ela o havia impedido de ser um parceiro verdadeiro e igual. Jude achava que estava levando vantagem por não ter que cuidar das crianças e da casa. Ele não tinha idéia do preço que pagava por estar afastado das exigências necessárias para se coordenar uma família e uma casa.

Durante o tempo em que viveram separados, Jude teve que fazer um curso intensivo de como ser adulto. Pela primeira vez na vida, teve a responsabilidade de fazer as compras, cozinhar, limpar, gerenciar o dinheiro e, nos dias de visita, participar ativamente na educação dos filhos. Com o tempo, sua aptidão à responsabilidade cresceu, assim como sua auto-estima. Melony percebeu que ele estava ficando mais competente e começou a se relacionar com ele com mais respeito, enquanto seu ressentimento se dissipava. Passou a acreditar que ele realmente gostava dela profundamente, e sentiu seu amor se manifestar em ações que refletiam sua consideração.

A dor lancinante da traição sexual foi sumindo. Ela acabou conseguindo perdoá-lo e começaram a tomar decisões juntos pela primeira vez. Descobriram um nível de intimidade totalmente desconhecido antes. Voltaram a morar juntos com um novo voto: o de serem iguais em tudo.

Quando um casal ainda está jogando na luta pelo poder, há momentos intermitentes de intimidade, que é ilusória e inconsistente. O desejo de estar a salvo, exercer controle e dominar corrói a intimidade. Enquanto o círculo de dominação e submissão persistir, a proximidade verdadeira será impossível. Quando continuamos a reconhecer até as formas mais sutis de nos agarrarmos ao poder, podemos trabalhar essa tendência de proteção, aprofundando a intimidade.

As barreiras à conexão íntima se desfazem quando há sentimentos de confiança, segurança e respeito. Essa atitude cria a base para que a igualdade flua com naturalidade. Quando reconhecemos os gatilhos que estimulam os velhos padrões de autoproteção, podemos tratar deles desarmando-os sistematicamente, dentro de nós e por meio de diálogos com nosso parceiro.

Como um técnico habilidoso que pisa cuidadosamente em um campo minado para desativar as bombas, é necessário coragem para fazer esse trabalho tedioso e perigoso. Nossa recompensa é o prazer que decorre de brincar e dançar juntos em deleite e como iguais.

28

*A verdadeira questão,
em geral, não é aquela pela
qual vocês estão discutindo*

Jim e Vivian concordavam em quase tudo, mas havia uma área em que suas diferenças eram irreconciliáveis. Jim fumava maconha e Vivian desaprovava veementemente. Ele não só fumava, mas sem que Vivian soubesse, também plantava. Isto é, até o dia em que ela achou uma enorme planta de maconha em meio aos seus preciosos girassóis. Ela ficou fora de si. "Você está maluco? O que você está pensando? Nós podemos ser presos! Isso pode arruinar minha carreira! Como você pôde fazer isso?"

Embora Jim achasse que Vivian estava exagerando nos riscos, sentiu que talvez não fosse boa idéia provocá-la mais e concordou em destruir os pés de maconha. Porém, não conseguiu destruir todos, então levou alguns para um canto do seu enorme jardim onde achava que escapariam ao escrutínio da esposa. Ele estava errado. O alvoroço que Vivian fez quando descobriu as plantas transplantadas podia ser ouvido em todo o bairro. Jim chegou a pensar em se mudar para um hotel por uns tempos, mas reconsiderou e decidiu encarar o ódio de sua esposa.

Ela gritava enfurecida e ele ouviu sem discutir, se justificar ou se defender. Deixou que ela expressasse toda sua raiva e mágoa até não ter mais nada a dizer. Então, algo estranho aconteceu. Vivian começou a chorar. Por baixo de toda sua raiva havia o medo de que essa diferença pudesse ser importante a ponto de destruir seu casamento. Ela chorava com medo de eles não conseguirem ficar juntos. Ao ver o tamanho da dor de Vivian, Jim começou a chorar também. Ele viu que ela não o odiava, mas achava que ele não se importava o suficiente com as preocupações dela a ponto de parar de cultivar maconha. "Isso é ridículo! Eu não trocaria nosso casamento por toda a maconha do mundo!" Quando a escutou de verdade, Jim entendeu, pela primeira vez, qual era a questão. Naquele momento, o casamento deles foi transformado.

Nesse caso, como em vários outros, as drogas eram o sintoma, não a fonte do problema. Jim não só parou de plantar maconha no jardim, como também parou de fumar. Não porque Vivian tivesse insistido, mas porque ele percebeu que aquela mente saturada de maconha tinha dificuldade de entender e de se relacionar com sua amada parceira. A questão verdadeira não era a droga. Era sobre se importar o suficiente para ouvir a fundo e responder a partir da verdade amorosa do coração.

29

*O amor não é apenas um
sentimento, é uma atitude que demonstra o
quanto nos importamos um com o outro*

CHARLIE: Como conselheiro matrimonial e palestrante, ouço muitos detalhes íntimos das vidas de clientes e alunos. As pessoas com freqüência não se sentem amadas por seus parceiros. Essa declaração geralmente suscita uma reação forte, em que o acusado tenta convencer o parceiro de que o ama, talvez expressando descrença ou até mesmo indignação pelo sentimento ser questionado. Ele pode insistir que seu amor é verdadeiro e forte, e até inferir que tenha algo de errado com o parceiro por estar expressando tal queixa. Embora possa ser verdade que o acusado na realidade sinta um grande amor pelo parceiro, também pode ser verdade que esse amor não esteja sendo expresso ou recebido de uma forma que leve a um sentimento de apreciação e valorização.

Uma das discussões recorrentes em meu próprio casamento era em torno dessa queixa. Quando Linda me dizia que se sentia só, distante ou mal-amada, eu imediatamente tentava convencê-la de que estava errada em se sentir assim. Invariavelmente, eu enumerava uma série de evidências que usava para "provar" que os sentimentos dela não eram válidos. Não é surpresa que essa estratégia não ajudasse muito a fazer com que Linda se sentisse amada ou ouvida. O que ela realmente queria de mim não era a comprovação do meu amor. Ela queria atitudes amorosas — nesse caso, que eu a escutasse com receptividade e respeito, sem reagir aos sentimentos dela e sem tentar provar que ela estava errada e eu certo.

Se nosso amor não transparece em nossas ações, não é amor de verdade. Isso não significa que não amamos nosso parceiro, mas às vezes nossa vontade e capacidade de demonstrar o sentimento são obscurecidas por um conflito de interesses internos (tal como querer se proteger, estar com a razão, evitar briga, etc.). Se você realmente quiser ser um amante de primeira, então precisará aprender a demonstrá-lo regular e freqüentemente, de várias formas. Nos melhores relacionamentos, os parceiros se conhecem tão intimamente que sabem o que completa o tanque de amor um do outro. Além disso, eles já cultivaram e aprofundaram um espírito de generosidade que transborda para todos os aspectos de suas vidas. A expressão sincera do amor oferecido livremente, ressoando e reverberando de um para o outro, gera a beleza apurada de um vínculo profundo.

30

*As expectativas criam espaço
para o ressentimento*

LINDA: Se você não é capaz de agir sem esperar algo em troca, é melhor não fazer nada. O casamento não é uma transação de negócios. Registrar a pontuação ou a contabilidade pode ser bom para os esportes e as finanças, mas é insensato em um relacionamento. Em vez de se ocupar com a manutenção de um balanço equilibrado, trabalhe para cultivar a confiança e o espírito de boa vontade. Aquilo que é dado com intenção abnegada é sempre recompensado.

Como psicoterapeuta, sei que o Dia dos Namorados, aniversários de casamento, aniversários, Dia das Mães, Dia dos Pais, férias, Natal e Ano-Novo são momentos de alto risco de decepções para os casamentos. As pessoas que não ganham o que estavam esperando, sejam flores, balas, cartões românticos ou sexo, costumam ficar magoadas ou com raiva. Uma mulher que conheço ficou tão furiosa com a "negligência" do marido que lhe jogou o cartão na cara. Ele, por sua vez, retaliou rasgando-o. Feliz Dia dos Namorados.

Na época do Natal, nossas reações são previsíveis. Uma das minhas clientes deu as boas-vindas ao Ano-Novo chorando dentro do carro, sozinha. Ela se sentiu desprezada e ignorada quando seu marido não lhe deu a atenção que esperava em uma festa. Em vez de expressar seus sentimentos para ele, ficou tão triste que saiu da festa sozinha.

Todos temos expectativas, é natural. Mas se não conseguirmos ter flexibilidade em relação a como achamos que tudo deve acontecer, estamos nos predispondo a muitas e freqüentes decepções. Em vez de nos apegarmos a uma imagem idealizada de um evento que está por chegar, podemos perguntar: "Qual experiência quero ter?" Esta pergunta cria espaço em torno da relação de forma que não fique tão restrita e rígida. A seguir, com nosso parceiro, podemos criar o que queremos fazer e sentir naquela ocasião especial.

A capacidade de criar ocasiões especiais realmente gratificantes para nosso parceiro e com nosso parceiro é uma habilidade que pode se aperfeiçoar com o tempo. O processo em si pode ser decepcionante, porque nem sempre tudo ocorre conforme planejado, independentemente do quanto nos esforçamos. Não é tanto uma questão de evitar decepções, mas sim de aprender a aceitar o inevitável e de lidar com isso sem culpa, ressentimento ou retaliação quando ocorrer. Certa vez, em um workshop, o famoso terapeuta de família James Framo disse: "Abra mão de todas as expectativas, exceto aquelas pelas quais você daria a própria vida." Embora isso possa soar um pouco dramático, é um ótimo conselho.

31

*Discussões destrutivas
podem ser evitadas*

Amar alguém não significa nunca discordar, nem que resolver os conflitos com ela seja fácil. As diferenças não são apenas inevitáveis, são grande parte do que nos torna atraentes um ao outro. Elas não somem quando amamos alguém. Na realidade, costumam ficar mais pronunciadas. Quanto mais seguros nos sentimos na relação, mais livres nos sentimos para expressar desejos e emoções difíceis e falar duras verdades. Em geral, os casamentos com níveis profundos de intimidade são aqueles em que pontos de vista, sentimentos e opiniões divergentes são expressos abertamente e acolhidos. Esses casais lidam com suas diferenças de um modo que promove mais veracidade, confiança e respeito. Evitar a expressão honesta de diferenças em uma relação geralmente ocasiona mais danos do que expressar claramente um ressentimento ou uma decepção.

Não precisamos brigar e certamente não precisamos insistir que tudo seja como queremos, mas precisamos saber que podemos nos posicionar, expressando nossa verdade, ouvindo de forma não defensiva e agindo de maneira apropriada e responsável quando for necessário. Falhar em se proteger em face de um ataque é tão irresponsável quanto negligenciar uma criança. Tomar uma atitude em frente ao perigo requer coragem e discernimento. Significa restringir nossas reações punitivas desnecessárias e limitar nossas respostas àquelas que são amáveis e construtivas, em vez das ofensivas e destrutivas. A despeito de quão profundamente possamos amar alguém, palavras fortes e dolorosas vão escapar, especialmente quando estivermos cansados, estressados ou nervosos. Os casais mais bem-sucedidos não negam suas diferenças, tornaram-se mestres na arte do "combate consciente". São hábeis guerreiros do coração. Agir com habilidade nos ajuda a passar por situações difíceis mais rapidamente, e a usar cada comoção como um meio para aprofundar a confiança e a compreensão.

32

*Um dos maiores presentes
que podemos dar ao nosso
parceiro é a nossa atenção*

Parecia que o tempo de Belle e Dutch quase nunca combinava. Ela ia dormir após o jantar, ele ficava acordado e lia. Ele pulava da cama às seis da manhã para fazer ginástica, ela dormia até as sete. Para ele, diversão era sentar na frente do computador ou trabalhar na garagem, ela gostava de ficar aconchegada no sofá com ele. Dutch gostava de estar sempre fazendo alguma coisa, enquanto Belle preferia simplesmente estar com ele, sem fazer nada.

Belle era uma esposa que apreciava e elogiava as melhorias que Dutch fazia na casa, mas estava se sentindo cada vez mais frustrada por não passarem muito tempo juntos. Às vezes era assertiva e dizia: "Vem ficar comigo." Geralmente, Dutch respondia de maneira defensiva: "Do que você está falando? Eu estou aqui." Mas mesmo enquanto respondia, Dutch estava deitado na cama, olhando para o teto, sem tocar em Belle. Mal a escutava, mergulhado em si mesmo, perdido em seus próprios pensamentos. Eles estavam no mesmo lugar, mas longe emocionalmente. Um dos aspectos que estava atrapalhando era o fato de que Dutch ouvia os pedidos de Belle como reclamações de sua inadequação, sentia que ela chamava sua atenção e julgava-o, mesmo que não fosse essa a intenção de Belle. Ele respondia se afastando mais ainda. Estavam vivendo um círculo vicioso.

Certo dia, Belle começou a chorar, com lágrimas não de frustração ou raiva, mas de tristeza. Ela temia que os dois nunca conseguissem se relacionar da forma como ela gostaria. Enquanto Belle chorava, Dutch pensava: "Lá vamos nós de novo." Mas dessa vez foi diferente. O discurso de frustrações que Dutch esperava ouvir de Belle não aconteceu. Ela disse: "Estou com muito medo de não conseguirmos ficar juntos da forma que eu quero. Estou com medo de não sobrevivermos a esse impasse. Eu amo muito você, mas dói demais senti-lo distante na maior parte do tempo." Isso conseguiu a atenção de Dutch, e pela primeira vez ele foi capaz de sentir o que Belle estava sentindo e querendo sem se manter na defensiva.

A profundidade dos sentimentos dela o deixou atordoado. Ele não conseguia pensar em nada para dizer. Só havia os dois juntos ali. O medo e a dor que compartilhavam fora finalmente expressa e ouvida. No silêncio, Dutch pegou a mão de Belle carinhosamente e a ficou segurando. Seus olhos se encontraram e ela disse: "Obrigada, eu precisava disso. Talvez ainda haja esperança para nós." O gesto silencioso de estender a mão ajudou Dutch a entender o que todas as palavras de Belle não haviam conseguido. Ele começou a perceber o que ela queria. Belle sentiu que não estava só e que fora ouvida. Ela se deu conta de que dois detalhes importantes haviam incitado Dutch a responder-lhe desta vez: ela não estava irritada quando falou com ele e não minimizou a intensidade de seu próprio desejo de maior proximidade. Colocou-se vulnerável, mostrando seu medo e sua dor. Essa condição foi um marco de mudança na relação deles.

Os momentos de companheirismo, de coração aberto, entre Belle e Dutch passaram a ser mais freqüentes, e a confiança mútua continuou a aumentar. Ao se familiarizar cada vez mais com a experiência de abertura, Dutch começou a se sentir confortável com sua própria vulnerabilidade e permitiu que suas barreiras e defesas se desfizessem com uma tranquilidade nunca antes vivida. Ele conseguiu se soltar das garras da defesa e ouvir sua parceira com mais profundidade. Seu foco mudou da proteção para a conexão.

Ao mesmo tempo, Belle foi aprendendo a melhor identificar, se conscientizar e se responsabilizar por suas necessidades, e a atendê-las. Ela percebeu que precisava se conhecer melhor e que, ao fazer isso, conseguiria ter mais intimidade em seu casamento. Aprendeu também a lidar melhor com os sentimentos de irritação e medo, que surgiam quando queria maior proximidade com Dutch. Em vez de abordá-lo com raiva e frustração, aprendeu a abrir seu coração antes de falar com ele, o que aumentava as chances de um bom resultado.

Se falarem sobre o assunto com Dutch hoje em dia, ele vai piscar o olho e dizer: "Se você tem uma esposa feliz, você tem uma vida feliz."

33

*Mesmo as pessoas com os melhores
casamentos às vezes se perguntam
se não casaram com a pessoa errada*

CHARLIE: Uma breve dúvida não reflete necessariamente algum problema na relação. Em momentos de raiva ou decepção, podemos ter pensamentos perturbadores. Idéias como "Não era isso que eu tinha em mente", "Eu me enganei" ou "Me casei cedo demais" baseiam-se na noção errônea de que em algum lugar existe alguém com quem nunca vamos discutir, brigar ou nos sentir decepcionados, uma alma gêmea que nos pouparia de todas as dores, sofrimentos e estresse. Infelizmente, esses sonhos são fantasia e raramente se materializam nas vidas de pessoas verdadeiras. Mesmo assim, a perda da esperança de perfeita harmonia dói, e o medo de ter feito a escolha errada balança nossas estruturas. É comum as pessoas esconderem esses pensamentos dos outros e até de si mesmos. A negação tende a intensificar a dúvida em vez de diminuí-la.

Até começar a participar de um grupo de terapia para homens, raramente ouvira um dos meus amigos casados declarar que tinha dúvidas sobre seu casamento. Embora muitos resmungassem e rosnassem, poucos dos meus amigos admitiam ter um dia pensado que talvez tivessem errado em se casar com suas esposas. Eu também nunca havia admitido isso. Como os outros, eu achava que, como ninguém falava sobre isso, eu devia ser o único a me sentir assim. A única ocasião em que se ouvia alguém admitir esse tipo de sentimento era após o término do casamento, e então só se falava nisso.

Quando os membros do meu grupo de terapia, vários dos quais tinham casamentos sólidos há anos, declararam que periodicamente tinham dúvidas sobre suas parceiras, me dei conta de que esses pensamentos não refletiam casamentos ruins, mas sim a verdade sobre parcerias de compromisso normais, que são complexas e dinâmicas. Querendo coletar mais informações para minha pesquisa informal, levantei essa questão junto a outros homens e mulheres do meu círculo de amizade, principalmente aqueles que desfrutavam o que me pareciam ser os melhores relacionamentos. As respostas foram quase uma unanimidade. Praticamente todos tinham se questionado sobre sua escolha de parceiro, e a maioria se sentia culpada, achando que fossem os únicos ou que isso era um tipo de deslealdade ao casamento. A aceitação honesta desse tipo de questionamento fortalece nossos casamentos.

Nesses momentos, o desafio é esclarecer para si se as dúvidas refletem alguma falha na relação ou se são apenas indícios de algo passageiro que precisa de atenção. Quando uso essas perguntas para me questionar, costumo descobrir sentimentos que não foram reconhecidos ou expressos, com os quais preciso chegar a termo, tomando alguma atitude: comunicando algo que eu vinha guardando ou simplesmente abrindo mão daquilo que não posso mudar. Em geral faço isso, e a dúvida parece se dissolver ou ao menos se dissipar para o fundo dos meus pensamentos. Fundo o suficiente a ponto de permitir a reabertura do meu coração, em gratidão e apreciação pela mulher com quem me casei.

34

*Seu parceiro não pode
salvá-lo da infelicidade,
mas pode ajudá-lo*

LINDA: Quando me imagino com oito anos de idade, vejo uma filha única, uma garotinha solitária, muito séria e sonhadora. Gosto de brincar de casinha com as outras crianças do bairro, assim posso imaginar que sou adulta, que sou a mãe e tenho um marido. Em meu futuro imaginário, nunca estou só ou assustada. É desconcertante admitir o quanto minhas brincadeiras infantis de faz-de-conta e os contos de fada me influenciaram. Eu estava mesmo esperando que o Príncipe Encantado encontrasse a Cinderela (eu) e criasse uma vida maravilhosa para mim. Inevitavelmente, levei essa expectativa infantil e irreal para o meu casamento.

As primeiras três semanas foram uma maravilha, aí veio o choque (em alguns casos a lua-de-mel dura mais do que em outros). O casamento rapidamente cura a doença da ingenuidade. No meu caso, ficou muito claro que uma vida repleta de felicidade demandaria esforços extremos de minha parte, não só de Charlie.

A tendência da maioria é responsabilizar nosso parceiro por nossa própria felicidade. Na realidade, é isso que motiva muitas pessoas a se casarem. Se não forem conscientizadas, essas expectativas podem transformar um romance perfeito em um caldeirão de ressentimentos, cujo fogo é alimentado pela inevitável decepção das expectativas não correspondidas. Todos entramos no casamento com anseios, feridas abertas, necessidades não satisfeitas e outras questões não trabalhadas que, secretamente, esperamos sejam resolvidas por nosso amado par.

É sem dúvida uma bênção receber apoio e encorajamento nesse processo. Embora nosso parceiro não seja capaz de curar nosso sofrimento ou realizar nossos desejos mais profundos, ele pode ajudar em muitos aspectos: pode ser uma força vital em nosso desenvolvimento; sua escuta amorosa, seus cuidados e preocupações podem ajudar-nos a encontrar força e coragem; com seu estímulo paciente, podemos experimentar novas possibilidades; quando escorregamos e tropeçamos, sua confiança inabalável em nosso sucesso nos anima e inspira; geralmente, pode ver forças e talentos que não reconhecemos ter e ajudar-nos a detectar os obstáculos que nos impomos e que nos mantêm paralisados. Quando criamos uma relação de amor juntos, aprendemos a confiar nas ponderações cuidadosas do nosso parceiro e aprendemos a aceitá-las com gratidão. Mesmo as lições mais difíceis podem ser um recurso valioso para nos ajudar a criar mais inteireza e felicidade em nossas vidas. Embora o amor deles possa ser um bálsamo para nossas lutas, ninguém além de nós mesmos pode nos realizar verdadeiramente. É sem dúvida possível se curar da dor de feridas antigas, contudo isso só ocorre através do trabalho interior.

35

*O custo de uma mentira é muito
maior do que qualquer
vantagem em dizê-la*

CHARLIE: Para dizer a verdade, nem sempre sou totalmente honesto. Tentando me vangloriar ou impressionar os outros, já contei muitas histórias exageradas sobre meus feitos. Esse hábito não parou instantaneamente, nem mesmo quando decidi ser uma pessoa mais sincera. Embora raramente premedite um engodo, às vezes os padrões antigos nos subjugam. Há pouco tempo disse a Linda que não poderia levar um dos nossos gatos ao veterinário porque estaria ocupado à tarde. Depois, naquela noite, comecei a sentir um desconforto que me levou de volta à nossa conversa. Embora fosse verdade que estaria ocupado naquele dia, eu poderia facilmente ter mudado meus horários para levar Shadow ao veterinário. Em vez de contar a verdade e admitir que eu simplesmente preferia não fazê-lo, ou me incomodar um pouco e mudar meus planos para atender ao pedido de Linda, eu criei uma desculpa. Um pouco mais tarde, a questão ficou clara para mim. Confessei a Linda, que me agradeceu por ter sido honesto e disse que havia sentido que algo estava errado, porque eu estava meio irritado durante o jantar.

As mentiras, não importa quão pequenas, sempre têm um custo para a confiança, a boa vontade e o respeito nas relações. A notícia ruim é que a maioria de nós provavelmente irá lutar com questões de falsidade em nossas vidas. A boa notícia é que conforme praticamos uma comunicação mais verdadeira, nos tornamos mais conscientes e menos tolerantes em relação à nossa desonestidade. A notícia melhor ainda é: quando agimos de forma limpa, inspiramos os outros a fazerem o mesmo.

Não importa se você chamar de justificativa, racionalização, mentirinha, lorota, meia-verdade ou um exagero — mentira é mentira. O que torna algo uma mentira é a intenção. Mentimos sempre que nos esforçamos propositalmente para enganar alguém e obter com isso alguma vantagem. Exemplos de vantagens que tentei conseguir mentindo para Linda no passado: evitar a possibilidade de conflito; impressioná-la em meu favor; ter razão; querer provar que eu era bom, honrado, superior, inteligente, competente, bem-sucedido ou a combinação de alguns destes. A intenção por trás da maioria das minhas mentiras estava ligada a tentar influenciar a maneira como Linda me via, para manter algum tipo de controle em nossa relação. Era uma tentativa de dar forma à relação de acordo com minhas vontades. Para justificar essa intenção indigna, tive que criar uma série de racionalizações (basicamente, desculpas para a desonestidade).

As conseqüências da desonestidade são sempre as mesmas: sentimentos de culpa e ansiedade e uma crescente desconfiança de si e dos outros. Mentimos para evitar as conseqüências desagradáveis de dizer a verdade. Não queremos parecer mal, nos sentir mal ou chatear os outros. Cada vez que usamos esse tipo de evasão, aumentamos nossa sensação de estarmos mal preparados para lidar com a verdade, assim reforçando um sentimento de fraqueza interior. Isso leva a mais decepção ainda. Mentir mina a base de uma relação, mais do que qualquer outra atitude. Encontrar a coragem e se comprometer em confrontar a tendência de mentir pode acrescentar força, amor e integridade ao nosso casamento. Embora não seja fácil acabar com o hábito de enganar, isso é possível até mesmo para aqueles que praticam formas sutis ou não há anos. A motivação para tanto vem de perceber o que podemos ganhar com isso. Colocar o pé no caminho da integridade muda nossas vidas para melhor.

36

*Mesmo os melhores
casamentos têm
diferenças irreconciliáveis*

Flossy e Gabe eram o tipo de casal que nos intrigava. Como será que esses dois se encontraram e conseguiram ficar juntos? Flossy não pára, está sempre envolvida com mil projetos ao mesmo tempo. Raramente dorme ou precisa dormir mais que três horas por noite. Quando acorda, pula da cama e já começa a agir. Flossy é uma republicana conservadora que desejaria um dia ganhar uma eleição local. Ela acredita em uma educação firme e bem estruturada, preconizando que liberdade demais deixa as crianças inseguras e sem cuidados. Ela pode falar horas a fio sobre psicologia, espiritualidade e relacionamentos. Em relação a dinheiro, Flossy é frugal; seu lema é: "Não desperdice, não deseje." Acha esportes e negócios um tédio, sua atenção para esses assuntos dura poucos segundos.

Enquanto Flossy está sempre se mexendo, Gabe gosta mesmo é de ficar em casa assistindo televisão depois do jantar. Ele adora dormir e fica imprestável sem suas nove horas de sono. Politicamente, é um democrata liberal. Como pai é tranqüilo e *laissez-faire*. Acredita que a liberdade ajuda as crianças a desenvolver responsabilidade por si, e que uma educação estruturada em demasia promove dependência. Psicologia e crescimento pessoal não constam entre seus temas de interesse. Ele é mão aberta, acredita que o dinheiro vem e vai, e quando vem deve ser aproveitado. Ele vive para os esportes, como expectador e participante. Sua paixão é o tênis, que ele adora e joga pelo menos duas vezes por semana.

É de se imaginar que duas pessoas com interesses e personalidades tão conflitantes teriam muitas dificuldades para conciliar suas diferenças. Contudo, quase sem exceção, os amigos de Flossy e Gabe diriam que o casal tem uma das relações mais amorosas que já viram. O segredo deles? Ambos vêem a base de sua ligação como algo que está muito além de estilos, preferências ou interesses pessoais. O fundamento de sua relação é amor e respeito mútuos, e o compromisso de estender esse respeito e amor às outras relações em suas vidas. Esporadicamente, têm discussões, mas seus conflitos raramente estragam ou diminuem a qualidade do amor que nutrem um pelo outro, porque valorizam o que têm em comum muito mais do que seus pontos de vista individuais. Junto às suas diferenças, compartilham valores importantes, compromissos e atividades que alegram e satisfazem suas vidas, como sua amada filha e seu amor por dança, sexo, arte e música. Eles têm o compromisso de apoiar seja o que for para promover o bem-estar e a felicidade um do outro, não só por se amarem e desejarem o melhor para o outro, mas por saberem que a felicidade do parceiro flui para a sua vida também.

No início do casamento, muita gente tenta mudar o parceiro para ficar mais parecido consigo. Demora um tempo para se perceber que dar espaço para as diferenças coexistirem de maneira pacífica é uma utilização muito melhor da preciosa energia da vida. Quando ficamos mais experientes, com menos ilusões, passamos a usar nossa energia mais estrategicamente. Não perdemos tanto tempo tentando "consertar" o outro. Permitir que as diferenças existam não é resignação, é uma atitude que cultivamos com a prática e o tempo. Parceiros realizados não ficam homogêneos com o passar dos anos; cada qual se torna cada vez mais no ser único que é. Nem tudo pode ou precisa ser resolvido. Podemos aprender a viver com nossas diferenças. Um dos segredos para um casamento bem-sucedido é aceitar e respeitar as diferenças, permitindo que elas nos enriqueçam, em vez de tentar eliminá-las. Embora isso seja mais facilmente dito do que praticado, cultivar as qualidades de aceitação, tolerância e compreensão fará bem a você e às suas relações por toda a vida.

37

*Sua opinião não
é a verdade*

Georgia e Kelly eram bombeiros. Ambos cuidavam de sua saúde e forma física, iam à academia diariamente fazer musculação, corriam e se alongavam. Cada um deles era um espécime fisicamente quase perfeito. Na primeira consulta do casal, Georgia disse: "Não me sinto segura em nossa relação. Estou sempre tensa, com medo de que ele me critique." Ela mal acabou de falar e Kelly disse: "Não posso confiar nela. Ela mente. Eu sei quando há algo errado e fico doido quando ela não fala." Eles estavam competindo para me provar que o outro estava errado.

Esse comportamento refletia o círculo de culpa que viviam em sua relação. Sugeri considerarem que não era apenas o corpo que precisava de exercício regular e freqüente, mas também suas emoções. Após algumas explicações, concordaram que o conceito fazia sentido, embora fosse difícil para eles entender o que e como isso seria. Como vários jovens casais, eles achavam que uma boa relação simplesmente acontece quando duas pessoas se amam. Após desafiar esse conceito, lhes dei algumas diretrizes para o processo de ficar em forma emocionalmente: diga a verdade sobre sua experiência. Em outras palavras, expresse seus sentimentos, não suas opiniões e julgamentos. Arrisque se sentir vulnerável, pedindo o que você quer. Não guarde seus sentimentos para você. Fale mais, mesmo quando estiver com medo.

Kelly não tinha muita dificuldade para falar. O desafio dele era aprender a se conter e a ser um melhor ouvinte. Para isso, precisava ser mais paciente, fazer mais perguntas e se conter quando sentisse o impulso de julgar ou dar conselhos sem que Georgia pedisse. Ambos estavam tão acostumados a vociferar suas opiniões e acusações que mal tinham consciência de que faziam isso.

— Você está sempre nos atrasando!
— Você nunca me diz a que horas temos que estar lá!
— Você não me ouve.
— Você sempre interrompe!
— Você me dá tanta raiva!
— Você não se importa comigo!
— Você é igual à sua mãe!

Era quase um ciclo contínuo, cujo resultado era uma profunda erosão do amor e do afeto que antes caracterizava sua relação.

Por sorte, Kelly e Georgia eram bons alunos. Para eles era mais importante o sucesso do casamento do que ter razão sobre quem era culpado pelos problemas. Eles aceitaram o desafio com o mesmo tipo de dedicação que tinham aos seus exercícios físicos. Em poucos meses sua relação se transformou. Georgia e Kelly mantiveram o compromisso de suprimir todos os julgamentos, conselhos e opiniões indesejáveis. Trocaram as observações críticas por sentimentos, perguntas e interesse genuíno. Essa disciplina simples, mas nada fácil, fez com que confiassem um no outro como nunca haviam confiado.

Muitas pessoas acreditam estar dizendo a verdade quando, na realidade, estão apenas expressando seus pensamentos, opiniões, críticas e julgamentos. Diferentemente de nossas opiniões, a verdade é irrefutável e inquestionável. A verdade é um convite à abertura, e não requer explicações ou justificativas. Ela raramente provoca respostas agressivas. Ela simplesmente é. À medida que aprendemos a distinguir o que é verdade do que é opinião e passamos a falar adequadamente, isto é, de forma respeitosa e sem julgar, nossas relações com os outros e nossa autoconsciência ficam mais ricas e autênticas.

38

*Férias são uma
necessidade,
não um luxo*

CHARLIE: Quando era criança, minha família nunca saía de férias. Conseqüentemente, cresci achando que fugir da rotina não era importante e que só funcionava para as outras pessoas. Com o passar dos anos e com a ajuda de Linda descobri que essas idéias são irreais. Como adulto aprendi que férias não precisam ser em algum lugar distante e exótico, e não precisam ser caras. Podem acontecer em qualquer lugar e época em que ficamos temporariamente aliviados das responsabilidades do dia-a-dia. Se houver vontade, há um jeito de fazer uma pausa, sem precisar pedir financiamento no banco. Melhor ainda, quando nos desobrigamos das exigências de nossas vidas atarefadas, podemos reviver a paixão e o romance iniciais da relação. Uma mudança de cenário pode revigorar nossos relacionamentos. Ficamos mais propensos a enxergar a beleza do nosso parceiro e temos mais tempo para sentir e expressar nossa apreciação. Estar afastados da rotina também nos oferece novas perspectivas que podem abrir os olhos a novas possibilidades para o futuro.

Como é difícil sentir falta de algo que nunca tivemos, nunca reivindiquei férias nos primeiros anos de casamento. Na realidade, sempre resisti aos esforços de Linda para tirarmos um tempo para nós. Eu dizia "Não temos dinheiro para isso", "Eu prefiro gastar esse dinheiro com outras coisas" ou, mais tarde, com as crianças discutindo e brigando, "Seriam férias infernais". Sou grato a Linda por ter persistido em seus esforços. Acabei percebendo a importância desse tempo livre e atualmente sou eu quem tende a tomar a iniciativa de tirar férias, curtas ou longas.

LINDA: Após um ano de maternidade eu já estava sem forças. Nosso primeiro filho, Jesse, era muito ativo, inquieto e barulhento quando pequeno. Dormi pouco no seu primeiro ano de vida. Cheguei a ponto de sentir que meu senso de identidade estava sendo sugado de mim com o leite do meu peito. Eu sabia que precisava de uma mudança de cenário, mas tínhamos pouco dinheiro porque eu não estava trabalhando e Charlie ainda estava na faculdade. Falei com minha amiga Carole, que morava perto da praia na costa norte de Boston. Ela disse que ia passar uma semana nas montanhas e que éramos bem-vindos para ficar em sua casa enquanto estava fora.

Foi maravilhoso! Jesse adorou o mar, e estar longe de casa nos deu novo alento para a vida. Eu ainda tinha que fazer compras, mas em um supermercado diferente. Eu ainda preparava as refeições, mas em uma cozinha diferente. Charlie e eu tivemos ótimos momentos lá. A vida parecia mais doce porque eu não me sentia vazia, e voltei a ter prazer em amamentar. Naquele verão, aprendi uma grande lição sobre como cuidar de mim mesma e de nossa família. Aprendi também a importância de dar umas escapulidas regularmente. As férias não precisam ser dispendiosas e não precisamos ir muito longe de casa, mas precisamos sair. Interrompendo nosso padrão habitual ganhamos novas perspectivas e podemos descansar e nos recarregar. Não importa se você acha que tem pouco tempo ou pouco dinheiro, tirar férias é uma necessidade!

39

*A confiança leva anos
para ser construída e poucos
momentos para ser destruída*

CHARLIE: As relações não começam com confiança — ela precisa ser construída, dia-a-dia, por duas pessoas que se mostram dignas por meio de palavras e atitudes. A confiança é desenvolvida conversa por conversa, com a resolução dos conflitos e das demonstrações de bondade, generosidade e consideração. Em um momento de raiva ou medo inconscientes, podemos causar sérios danos à confiança que nos deu tanto trabalho para construir. Contudo, os choques são inevitáveis. Não podemos evitá-los, mas podemos reparar os danos, contanto que ambos tenham essa intenção. Quanto maior for nossa consciência da preciosidade da confiança, maior será nossa dedicação para protegê-la e preservá-la.

Embora nossas leis digam "inocente até que se prove o contrário", quando se trata de relacionamentos, a maioria de nós não começa pensando assim. Não que sejamos um monte de paranóicos, mas a maioria de nós não chega à idade adulta sem ter sido trapaceado por pessoas que acreditávamos serem dignas de confiança. A traição emocional nos torna menos ingênuos e mais cautelosos. Ainda que desejemos acreditar que as pessoas são dignas de confiança, em geral, a maioria tem provas suficientes do contrário.

No início do nosso relacionamento, eu confiava em que Linda fosse uma boa pessoa, que ela nunca faria algo para me ferir propositadamente, que era honesta e decente, e que ela sempre honraria sua palavra e manteria seus compromissos. Porém, em um nível mais sutil, havia aspectos de Linda nos quais eu não confiava nem um pouco. Não apenas escondia esses sentimentos dela, mas também não tinha clara consciência deles. Eu não acreditava que ela ficaria comigo se eu fracassasse em ser um bom provedor. Eu não achava que ela não diria coisas que me magoariam. Eu não pensava que ela nunca se aproveitaria da minha vulnerabilidade se eu baixasse a guarda e falasse dos meus medos e anseios mais profundos. Eu temia que ela falasse mal de mim para nossos filhos por trás das minhas costas, fazendo-os se rebelarem contra mim.

Esses medos tinham pouco a ver com Linda e muito mais a ver com padrões que eu trazia desde a infância. Entrei para nossa relação com minha bagagem emocional, conforme ocorre com a maioria das pessoas. Demorei um tempo para começar a ver que Linda era muito mais digna de confiança do que a maioria das pessoas em minha vida. Logo, com freqüência eu testava seus sentimentos por mim, sem confiar que eram incondicionais. Felizmente, Linda foi firme e constante até eu perceber que não era só nela que eu não acreditava, mas em mim também. Eu não me acreditava capaz de satisfazer minhas necessidades e dúvidas internas, porque durante toda a vida tinha passado essa responsabilidade para os outros. Reconhecer isso afetou meu nível de confiança na relação muito mais do que todos os esforços de Linda.

Conforme fui assumindo a responsabilidade por satisfazer as necessidades do meu bem-estar, em vez de esperar que Linda cuidasse disso, o nível de confiança em nossa relação começou a aumentar. Agindo de forma a provar para mim mesmo que eu podia cuidar de mim, me respeitar e contar comigo, passei a confiar muito mais em mim. Eu me prometia coisas e mantinha promessas que no passado havia quebrado várias vezes. Esforcei-me para falar de forma mais compassiva e bondosa, para julgar menos, e para cuidar mais do meu corpo. Dei a mim mesmo a bondade, o respeito e o valor que antes esperava receber de Linda e de outras pessoas. Isso resultou em Linda se sentir menos obrigada a cuidar de mim, e sem essa pressão ela ficou mais amorosa e autêntica quando estava comigo. Foi um ganho para ambos, pois a qualidade e a quantidade do que ela me oferecia aumentaram. Ao mesmo tempo, passei a agir de forma recíproca, e o nível de confiança entre nós aumentou, criando uma base sólida para nosso relacionamento.

Às vezes podemos até ter sentimentos de dúvida e desconfiança, mas são sempre muito breves, apenas uma falha na tela que logo desaparece. Hoje em dia, um dos meus maiores prazeres, e de Linda também, está no conforto de saber que a confiança mútua agora caracteriza nosso casamento. Melhor que isso é difícil.

40

*Os ultimatos e as
ameaças criam mais
danos que benefícios*

Os ultimatos e as ameaças são manipulações agressivas, que brotam do medo e geram reações defensivas. Em essência, são tentativas de controle. A pessoa que recebe ultimatos e ameaças é pressionada a negociar. As táticas de artilharia pesada só resultam em comportamentos baseados no medo. Mesmo quando o intimidador consegue o quer, sua vitória vem com um preço bem alto.

Mack e Phyllis procuraram aconselhamento matrimonial porque havia muita dor em sua relação. Quase mensalmente ocorriam cenas terríveis com relação a sexo, dinheiro, decoração da casa, compra de um carro, enfim, sobre o usual. Nessas ocasiões, quando a raiva chegava a ponto de ferver, Phyllis começava com intimativas: "Amanhã vou ligar para o corretor e colocar esta casa à venda, e também vou ligar para o advogado para falar sobre nosso divórcio. Não agüento mais esse abuso!" Mack sempre agia com paciência e dizia a Phyllis que a situação ia melhorar, lembrando-lhe que havia muito no casamento deles que valia a pena salvar. Então tudo se acalmava, até a próxima comoção.

A calma de Mack serenava e tranqüilizava Phyllis quando ela ficava explosiva. A repetição desse padrão criou uma falsa sensação de segurança para os dois. Os dois acabaram acreditando que era função de Mack acalmar Phyllis, e que ele continuaria fazendo isso, como sempre havia feito. Conseqüentemente, Phyllis nunca sentiu necessidade de aprender a controlar seu temperamento. O que nenhum dos dois esperava era que Mack de repente abandonasse a função de moderador matrimonial. Suas brigas freqüentes estavam custando mais ao casamento do que haviam percebido. Certo dia, Phyllis mais uma vez ameaçou pedir o divórcio se Mack não cedesse ao que estava querendo. Durante essa crise particularmente dolorosa, o ciclo finalmente foi rompido. Dessa vez Mack não tentou acalmá-la. "Tá bom. Vai em frente, faz isso. Não agüento mais viver assim", disse ele. Phyllis não acreditou que ele estivesse falando sério, mas ele estava. Em duas semanas, estavam separados. Mack saiu de casa e foi morar sozinho.

Phyllis ficou chocada. Ela sabia que aquilo não era nenhum jogo da parte dele. Ele tinha falado sério. Ela achava que poderia continuar com suas táticas manipuladoras indefinidamente. Mas todo mundo tem seu limite, e Mack chegara ao dele. Ele perdeu a vontade de continuar e até mesmo de tentar. Nas sessões de aconselhamento seguintes, Phyllis sentiu muito remorso por ter sido tão desonesta. Admitiu que amava Mack, que queria muito manter o casamento e até mesmo que adorava a casa que vivia ameaçando vender. Confessou que todas as suas ameaças eram vazias e que finalmente se dera conta do que realmente queria. Mas já era tarde — Mack não estava disposto a voltar para ela. Foi uma lição dolorosa para Phyllis, mas ajudou-a a se tornar mais responsável por sua forma de se expressar, uma lição que ela não esqueceu mais.

41

Culpar o outro não vai lhe dar o que você realmente quer

LINDA: Venho de uma antiga linhagem de "distribuidores de culpa". Meus ancestrais adotaram a estranha noção de que se fizermos a outra pessoa se sentir culpada, ela não repetirá um comportamento indesejável. Honrando a tradição da família, usei essa tática no meu casamento por alguns anos. Percebi, contudo, que, apesar dos meus esforços, os comportamentos indesejáveis persistiam. No final, Charlie e eu sempre acabávamos nos sentindo mal. Apontar erros me deixava com um gosto amargo na boca e uma sensação de solidão.

O que fazer com um padrão destrutivo que está na família há gerações? Decidi arriscar ser desleal à tradição familiar e jurei resistir à tentação de manipular através da culpa. Em vez disso, pratiquei manter minha atenção em mim e não focar nas coisas que não gostava em Charlie. Troquei "Você nunca fica comigo" por "Eu adoro ficar com você, quando você vai ter tempo para nos divertirmos juntos essa semana?". Em vez de "Nunca vamos a lugares novos e interessantes", experimentei dizer "Que tal passar o fim de semana na praia? Eu faço as reservas e chamo alguém para cuidar das crianças". Embora nem sempre consiga o que quero, na maioria das vezes dá certo. E o mais importante: aqueles sentimentos negativos, que surgiam depois e me deixavam ressentida e infeliz, pertencem ao passado.

42

*Dê o que você
quer receber*

Lucille media 1,98m, tinha ossos largos, era forte e alguns anos mais velha que o marido Dennis. Ele era delgado, delicado e sensível. Lucille era direta e falava o que pensava. Ela projetava um ar de segurança em situações sociais, mas o que sentia por dentro refletia uma outra realidade. Era comum sentir-se insegura e malquista, e usava sua presença física imponente para disfarçar sua falta de autoconfiança. Lucille também estava sempre querendo que Dennis reafirmasse sua atração sexual por ela. Embora ele tentasse demonstrar seu amor por ela, seus esforços nunca eram muito convincentes e Lucille continuava a se sentir ansiosa e insatisfeita.

Um dia, uma amiga de Lucille morreu repentinamente de aneurisma cerebral. Lamentando a perda, Lucille entrou em contato com sua própria vulnerabilidade, aquele seu lado que se escondia por trás de uma imagem de muita força e competência. Lucille passou a falar mais abertamente sobre seu medo, solidão e confusão, e sobre o quanto amava Dennis, que então pôde corresponder com maior facilidade. Seu coração aberto abriu o dele, de uma forma que sua coerção nunca conseguira. A atenção que Dennis passou a lhe dar era muito mais gratificante, porque era espontânea.

Grata pela atenção genuína de Dennis, Lucille começou a lhe dar o reconhecimento que sempre quisera receber. Ele respondeu da mesma forma. A maioria das pessoas já descobriu, da maneira mais difícil, que tentar obrigar alguém a dar o que se quer não costuma trazer os resultados desejados. Por que, então, tanta gente continua a usar o controle e a manipulação, diretos ou encobertos, para tentar coagir o parceiro a lhe dar o que deseja? Um motivo é certo: as alternativas não são muito óbvias.

Dar o que você valoriza, em vez de tentar receber, é uma abordagem que pode produzir resultados muito positivos, contanto que você tenha um mínimo de confiança e paciência. Por exemplo, em vez de tentar fazer com que seu parceiro o entenda, se esforce um pouco mais para entendê-lo. Não apenas o que ele está dizendo, mas também o que está sentindo. Em vez de competir para que o escute, deixe o outro falar, ouça com atenção, não interrompa e não responda até ter certeza de que ele acabou de falar. Em vez de tentar fazer com que ele expresse seu afeto por você, demonstre o quanto você aprecia e gosta de seu parceiro, usando os meios mais criativos e sinceros que puder. Temos mais facilidade em dar quando nos sentimos cuidados, e normalmente o impulso de reciprocidade surge espontaneamente no outro. O sentimento de gratidão acende nosso desejo de dar, de uma forma que satisfaz muito mais do que em resposta a algum tipo de coerção ou manipulação.

43

*Não negligencie seus
amigos só porque se casou*

Nancy e Leslie eram grandes amigas há anos. Viajavam juntas nas férias e compartilhavam tudo. Quando Nancy se apaixonou, Leslie ficou feliz por sua amiga ter finalmente encontrado um bom homem. Mas, com o progresso do namoro, as duas foram se vendo cada vez menos. Quando Leslie telefonava, quase sempre era atendida pela secretária eletrônica de Nancy, e assim a freqüência de seus bons momentos juntas foi diminuindo e se espaçando.

Leslie sentia muita falta de Nancy. Mas foi só após o casamento que as duas tiveram finalmente um diálogo franco. Leslie disse a Nancy o quanto se sentia negligenciada e rejeitada. Nancy ficou na defensiva dizendo que estava ocupadíssima tentando se firmar profissionalmente como enfermeira e o tempo que sobrava era absorvido por esse homem que era, literalmente, "A resposta às minhas orações". Leslie não desistiu: "É por me importar tanto com você e com nossa amizade que preciso lhe dizer isso. Você abandonou todos os seus amigos. Faça uma retrospectiva da sua vida no último ano. Entre se apaixonar, planejar o casamento e a lua-de-mel, você não viu ninguém, exceto no dia do casamento."

Nos dias que se seguiram, Nancy pensou no que Leslie dissera. De fato, a maioria dos seus amigos havia sumido aos poucos. Leslie foi a única que se importou o suficiente para lutar por sua amizade. Ela agradeceu a honestidade de Leslie e prometeu-lhe que ia cuidar mais da amizade das duas. Menos de duas semanas mais tarde, Nancy caiu de um cavalo fraturando gravemente uma das pernas. Nos meses de recuperação que se seguiram, ela precisou da proximidade de uma amiga. Quatro meses mais tarde, Leslie, ainda solteira, foi mãe. Embora o marido de Nancy lhe desse atenção durante sua recuperação, ela estava imobilizada e ficava sozinha o dia inteiro enquanto ele trabalhava. A vida de Leslie também mudou drasticamente após a chegada do bebê. As visitas de Leslie ajudavam Nancy a se sentir menos isolada, e Nancy teve um papel importante como tia de honra do bebê de Leslie. As duas agora precisavam uma da outra mais do que nunca e estavam profundamente gratas por não terem perdido a amizade.

Durante a empolgação de um novo amor, pode parecer inconcebível que qualquer outra relação em nossas vidas chegue perto do êxtase e da felicidade que encontramos com o novo companheiro. Muitos de nós cometem o erro de negligenciar nossos antigos amigos quando estamos imersos em um novo romance. Até mesmo nossos amigos mais leais perderão a paciência conosco, se ficarmos indisponíveis para eles por muito tempo. Todos temos várias necessidades interpessoais, muitas das quais não podem ser atendidas por nosso parceiro. Não importa o quão maravilhoso tudo esteja em nossa relação, se perdermos nossas amizades, nossa vida fica menor, da mesma forma que diminuem as riquezas que podemos levar para nosso casamento.

44

*Se pensar "Essa não é a
pessoa com quem me casei",
provavelmente terá razão*

LINDA: Minha amiga Sophie me contou que um dia olhou para o marido Ray, com suas "perninhas finas" aparecendo por baixo do roupão de banho, e pensou consigo mesma: "Eu devia ter escolhido melhor." Esse momento foi um desafio para ela, pois foi quando percebeu que afinal não havia ganhado o "grande prêmio". Ray era o mesmo cara alto e magro com quem se casara, mas agora possuía menos cabelo, estava grisalho e tinha sessenta anos. Ele não se exercitara muito ao longo dos anos e ela achava que ele não tinha envelhecido de forma graciosa. Enquanto isso, a carreira de Sophie deslanchara. Ela trabalhava diariamente com mulheres e homens dinâmicos, criativos e realizados. Seu sucesso profissional lhe deu uma auto-imagem exagerada. Olhando para Ray agora, ele parecia envelhecido e largado, como um sapato velho e desgastado. Ray havia mesmo mudado. Quando mais novo, lutara valentemente competindo para alcançar o sucesso em sua carreira. Ele se saíra bem, mas já não era impulsionado pela fome de poder e sucesso que o impelira durante a maior parte de sua vida adulta. O momento agora era para diminuir o passo e aproveitar mais a vida. Ele agora ficava absorto com os prazeres simples do lar e da família. Fazia pães e bolos para comer com Sophie. Adorava trabalhar no jardim, podar flores, e fazia belos arranjos como prática meditativa.

Sophie, por outro lado, sentiu-se livre quando seus filhos saíram de casa, e mergulhou de cabeça em sua carreira. Após um tempo de profunda reflexão, Sophie percebeu que essa escolha devia ser difícil para Ray naquele momento de sua vida. Ele havia planejado trabalhar menos para passar mais tempo com sua esposa, e ela se comprometera com o trabalho, viajando pelo mundo. Sophie percebeu que, de certa maneira, ela também não estava sendo nenhum grande prêmio. Essa reflexão ajudou-a a ter mais apreciação por Ray, sem se colocar para baixo. Ela viu que os dois se mereciam, literal e figurativamente. Nenhum dos dois era superior ou inferior ao outro, apenas diferentes, cada um do seu jeito.

Sophie resolveu continuar casada com Ray, com pernas finas e tudo, e empenhou-se em criar em conjunto uma relação profunda e amorosa com ele, uma relação capaz de incluir as falhas e as imperfeições de ambos, assim como seus grandes dons.

Quando nos casamos, temos muitas ilusões e expectativas. Em geral, não passamos tempo suficiente juntos para nos conhecer totalmente. Conforme nossos parceiros vão crescendo e mudando, vão se revelando, e somos desafiados a nos adaptar e aceitá-los como são. Nossa capacidade de aceitá-los provavelmente será recíproca. Claro que isso não significa que devemos tolerar comportamentos desrespeitosos ou abusivos, mas aceitar os aspectos da personalidade do outro que não coadunam exatamente com nosso conceito de parceiro ideal. A mudança é a única constante na vida. O casamento oferece um grande currículo para aprendermos a aceitar a inevitabilidade das mudanças pessoais, do outro e do mundo.

45

Você ganha muitos pontos resistindo à tentação de provar que está certo

CHARLIE: Por muitos anos vivi a necessidade de provar que estava certo. O que me impulsionava era o desejo de impressionar Linda e outras pessoas com minha inteligência, e a adrenalina de ter a palavra final quando provava estar certo nas discussões. Isso era tão importante para mim que muitas vezes perdi a noção das conseqüências desse hábito. Eu pressionava, falando alto até que me provassem estar errado (o que a meu ver raramente ocorria, pois estava sempre fechado a opiniões contrárias) ou tinha a última palavra. A excitação dessa vitória era sempre seguida por um tipo de derrota, pois a confiança, a intimidade e o carinho eram inevitavelmente sacrificados. Eu demoro a aprender, então demorei muito a perceber que essas perdas eram muito maiores do que o prazer fugaz da minha vitória. Eu estava ganhando nas discussões, mas perdendo o prêmio verdadeiro.

Hoje, raramente caio na tentação de forçar minha opinião. Minha necessidade de estar certo já não é tão grande, pois parei de alimentar esse desejo. Os maus hábitos enfraquecem e acabam morrendo quando paramos de favorecê-los. O resultado tem sido o fortalecimento da boa vontade e da doçura no meu casamento, o que o torna muito mais valioso.

No início, mesmo motivado a acabar com o hábito de ter que ter razão, abrir mão de estar sempre certo foi um desafio muito maior do que eu esperava. Notei que, quando não tentava provar ter razão, geralmente ficava suscetível a ser considerado culpado. Antes, culpar os outros me fazia sentir menos vulnerável à possibilidade de ser criticado e atacado por eles. Agora, sentia-me nu e desprotegido sem a defesa das minhas estratégias intelectuais de combate. No final, aprendi que a melhor defesa é a verdade da minha experiência, que ao contrário de uma postura defensiva não provoca ataques ou agressões.

Aprender a reconhecer o quanto me armei emocionalmente e encontrar a coragem e a força para me desarmar tem sido o maior desafio da minha vida. Tem sido também um dos desafios mais gratificantes. Ao desistir da necessidade que tinha de provar que estava certo, descobri um grau de confiança, abertura e ligação com Linda e com outros que nunca havia imaginado existir. Estar aliviado desse fardo me faz sentir mais livre, mais leve e mais relaxado do que nunca. E diferentemente do que eu temia, o mundo se tornou um lugar mais seguro em vez de mais perigoso. Vai entender.

46

*O que você julga em seu
parceiro é um reflexo do que
julga em si mesmo*

LINDA: Quando éramos universitários, eu ficava doida com o jeito tranqüilo de Charlie. Ele não se matava de estudar e ainda assim tirava boas notas. Mais tarde, quando ambos estávamos trabalhando, ele sempre arrumava tempo para se divertir e relaxar. Eu o julgava, achando que ele não tinha ambição ou estímulo. A verdade é que eu o achava preguiçoso. Havia uma incômoda tendência em nosso relacionamento que me deixava irritada sempre que ele tirava um tempo para si. Com o passar dos anos, entendi que eu tinha uma inveja enorme por ele cuidar tão bem de si mesmo.

Quando, por fim, aquiesci com esses sentimentos em vez de julgá-lo, consegui aprender com ele. Comecei a usar nossa relação como espelho para descobrir o que eu estava rejeitando e negando em mim mesma. Essa prática exigiu muito de mim, mas no final provou ser muito recompensadora. Descobri que tinha um medo específico de que, se eu aceitasse meu "bicho preguiça" interno, não faria nada e me tornaria displicente, ou, pior ainda, que as pessoas iam me ver como a pessoa preguiçosa e imprestável que eu temia ser! Através desse processo, gradualmente fui ficando mais tolerante em relação ao que eu sentenciava ser falha minha. Com o tempo, aprendi a vê-las não como falhas, mas simplesmente como inclinações, desejos, sentimentos e características. Em si, não eram aspectos positivos nem negativos meus. Esse processo ajudou a me aceitar mais e a julgar menos os outros. Ao identificar aspectos que eu desconhecia de mim mesma, criei um lugar para eles em minha vida.

É um enorme prazer para nosso parceiro quando fazemos nosso próprio trabalho. À medida que desenvolvemos maior tolerância por todas as nossas características, passamos a ser uma companhia mais agradável, para nosso parceiro e para nós mesmos. Quando nos aceitamos melhor, passamos a julgar menos os outros. Nossa experiência de aceitação e não-julgamento é como um ímã que atrai outras pessoas para nossas vidas. É estranho como essas qualidades maravilhosas são geradas a partir de julgamentos que antes eram fonte de tanta dor. Mas não é verdade que as maiores dádivas resultam de experiências difíceis?

47

*Seu parceiro é seu
professor e seu aluno*

Uma das leis primordiais nos relacionamentos é a de não sentirmos atração pelos iguais. O fenômeno da complementaridade diz que, em geral, sentiremos atração por pessoas muito diferentes, e em alguns casos totalmente opostas a nós. A razão para isso é simples. Dentro de cada um há o anseio intrínseco de viver a totalidade, o que nos leva a pessoas mais desenvolvidas do que nós em algumas áreas. Infelizmente, as mesmas qualidades que inicialmente nos atraem no nosso parceiro podem nos levar à loucura quando a paixão arrefece. Resistiremos exatamente às lições que nos levaram a convidar aquela pessoa a fazer parte de nossa vida. Em vez de aproveitar as oportunidades que as diferenças do nosso parceiro nos dão para aprender, crescer e expandir nosso ser, somos mais propensos a repudiar suas diferenças, e a nos sentir ameaçados e incomodados por elas. Então, tentamos mudar o outro, forçá-lo a ser como deveria ser... ou seja, mais parecido conosco! Enquanto isso, eles tentam fazer a mesma coisa, é claro. É de se admirar que tantos casais travem lutas de poder?

Tony era um homem consciencioso, confiável e responsável. Era sempre o escolhido para dirigir quando saía com seu parceiro

Abel e com outras pessoas. Abel era músico. Trabalhava em um estúdio de som onde colaborava com pessoas criativas e artísticas. Tony cuidava da casa enquanto Abel trabalhava até tarde da noite e nos finais de semana. Tony se ressentia da natureza imprevisível dos horários de Abel e dos altos e baixos financeiros de sua profissão.

Abel ficava irritado com as tentativas que Tony fazia para mudá-lo. Tony queria que ele levasse uma vida mais estável, bebesse menos e fosse menos volúvel. Abel achava que Tony estava tentando esmagar sua paixão criativa e domesticá-lo. Eles estavam sempre disputando o controle e o poder na relação, já quase arruinada. Finalmente, cada qual pôde reconhecer as conseqüências de suas disputas e o medo que estava por trás dos esforços de ambos para controlar um ao outro. Eles começaram a perceber que cada um tinha dons pessoais para oferecer ao outro, e que embora nem todos os dons fossem sempre de fácil aceitação, tinham a possibilidade de enriquecer a qualidade de vida de cada um, assim como de seu relacionamento.

Gradualmente, Abel foi aceitando a influência de Tony, introduzindo mais disciplina e foco à sua vida. Ele começou a ter atitudes mais tranqüilas quando ficava frustrado, e em vez de explodir com Tony quando estava nervoso, passou a expressar suas queixas de forma mais responsável e respeitosa. Parou com os ataques crônicos no trabalho, que haviam feito muitos empregados pedir demissão. Com ajuda estável e constante, o trabalho de Abel prosperou. Ele ficou impressionado ao descobrir que era capaz de lidar com suas emoções sem reprimir sua expressão criativa.

Tony, por sua vez, aprendeu com Abel a se permitir arriscar e a ser mais aventureiro. Deixou o emprego bem remunerado para seguir um sonho que vinha se negando havia anos. Matriculou-se na faculdade e passou a estudar em tempo integral. Ele adorou voltar a ser estudante e só tirava notas altas. Aprendeu com Abel a se entregar aos anseios do seu coração e a confiar que as coisas dariam certo de alguma forma.

Tendo consciência disso ou não, temos muito a ensinar e a aprender com nosso parceiro. Contudo, alguns se sentem mais confortáveis no papel do professor que sabe tudo, e outros no papel do aluno receptivo. Os que se sentem confortáveis como alunos, abrem-se com facilidade para aprender com o parceiro. Mas essas pessoas podem se sentir pouco confortáveis com a responsabilidade de serem, justamente, detentores de um saber, realizados e capazes. Para aqueles que se sentem mais confortáveis no papel de professor, o aprendizado é desenvolver a humildade. Às vezes, precisamos desempenhar um papel ou o outro. Em uma relação, o ideal é que ambos desenvolvam a flexibilidade de desempenhar os dois papéis, e a sabedoria para perceber quando essas mudanças são necessárias. Com o tempo, essa dança pode se tornar tão natural e espontânea que as diferenças de professor e aluno desapareçam, dando lugar a dois amantes, que aprendem um com o outro e se ajudam. Passamos a entender que existe um saber intuitivo e profundo que une as pessoas no início da relação. Os melhores relacionamentos são aqueles em que ambos desempenham os dois papéis, cada qual incorporando a sabedoria e a força do professor e a abertura e a humildade do aluno.

48

*Compromisso não é um
acontecimento isolado,
mas um processo contínuo*

LINDA: Certa vez, conheci um homem criativo e dinâmico chamado Ken. Quando se casou, gostou tanto do dia do casamento que disse à sua esposa: "Devíamos fazer isso todos os anos!" E assim fizeram, 17 vezes. Casaram-se em várias tradições distintas: com um pastor batista na Guiana Francesa; em uma cerimônia anglicana na Inglaterra; pelo juiz esquiador em Vail, Colorado; por um kahuna em uma praia no Havaí; com um marinheiro, pastor episcopal, a bordo de um navio; fizeram uma cerimônia budista no Zen Center, em São Francisco; e, certo ano, Al Huang, um mestre de tai chi, casou-os em uma cerimônia no Esalen Institute, em Big Sur, Califórnia. Depois, um juiz mexicano casou-os em cabo São Lucas, com uma banda de mariachis tocando; e, no ano seguinte, casaram-se perto de Tucson, Arizona, em cerimônia realizada por um ancião da tribo indígena Navajo, que levou sua família vestida a caráter para servir de testemunha.

Ken e sua esposa, Maddy, alternam-se anualmente na coordenação do acontecimento. Os religiosos sempre ficam muito animados em estar casando pessoas com tamanha história de compromisso, em vez de pensarem, como costuma ocorrer: "Quanto tempo será que este casamento vai durar?"

A cada ano, há novos votos, novo religioso, novo fotógrafo e, claro, sempre uma lua-de-mel. As fotos no álbum de cada cerimônia mostram as mudanças em suas vidas. Há fotos de Maddy com a barriga grande em cada uma das duas gestações. E, claro, o envelhecimento aparece em suas feições. Quando vêem as fotos, lembram-se das dificuldades por que passaram juntos. Ken me disse que, a cada vez que participa de uma cerimônia, fica profundamente comovido e com uma nova compreensão sobre si e o relacionamento. O custo — cerca de 200 dólares para cada religioso, mais o custo do fotógrafo — parece pouco a pagar pelo extraordinário valor que resulta da renovação de seus votos e do ritual de mais uma vez declarar seu compromisso e amor pelo outro.

Há bastante tempo é óbvio para mim que não nos comprometemos com um relacionamento apenas uma vez. Comprometemo-nos inúmeras vezes. Comprometemo-nos quando ficamos noivos, na cerimônia civil do casamento e a cada vez que temos um filho juntos. Existem também vários compromissos que passam despercebidos, mas que são profundamente importantes. São aqueles que acontecem após fases de dúvidas, decepções e estresse, os períodos escuros do casamento que às vezes podem ameaçar sua viabilidade. Quando conseguimos navegar na escuridão e atravessá-la, rumo a um período de renovação e luz, há motivos para grandes celebrações e alegrias.

Há anos que Charlie e eu renovamos nossos votos e fazemos mais alguns. Às vezes trocamos juramentos em nosso aniversário de casamento, às vezes no Dia dos Namorados e às vezes no dia de Ano-Novo. Todo ano saímos em lua-de-mel. O importante não é aonde vamos ou o que fazemos, mas intencionalmente incutir em nossa ligação um compromisso renovado de amor e apoio mútuos, em níveis cada vez mais profundos. Essas afirmações enriquecem nosso relacionamento, fortalecem os elos entre nós e nos lembram sempre do amparo e do amor que previmos no dia do nosso casamento.

49

*A generosidade de espírito
é a base para os grandes
relacionamentos*

Ursala cresceu na Alemanha durante a Segunda Guerra Mundial. Ela tem lembranças vívidas do terror dos bombardeios, da falta de alimentos e das crianças que ficaram órfãs devido às devastações da guerra. Quando se casou com Pete, os dois eram viúvos e seus filhos já eram crescidos. Quando Ursala estava com sessenta anos e Pete com 75, ela assistiu a um filme em sua igreja sobre um grupo de órfãos que morava na Rússia. Seu coração se partiu ao ver um menino aleijado, com quatro anos, que só se movia com a ajuda das mãos e braços e que era considerado inadotável. Ela não conseguia tirar a criança da cabeça. Conversou com Pete sobre adotarem a criança. Embora Pete tivesse adorado criar seus filhos, aos 75 anos ficou chocado com a idéia de começar tudo de novo com uma nova família. Mas viu o quanto isso era importante para Ursala. Pete viveu um dilema entre sua vontade de ficar descansando em uma confortável poltrona em sua aposentadoria e a vontade que sua esposa tivesse tudo o que fosse importante para ela. Por amor e devoção à esposa, Pete fez a escolha extraordinária de concordar com a adoção do menino. Foi um ato de generosidade suprema, para com sua esposa e para o menino. As negociações para a adoção no estrangeiro exigiram muito, mas Ursala persistiu e conseguiu permissão para ir à Rússia e levar Alosha para casa.

Pete e Ursala se apaixonaram pela criança adorável, inteligente e espirituosa. Alosha aprendeu inglês em poucas semanas, logo recusando-se a falar russo. Era como se ele estivesse se descartando da vida difícil que tivera no orfanato na Rússia. Após vários exames, os médicos determinaram que suas pernas teriam que ser amputadas, logo abaixo dos joelhos. Ele se adaptou às próteses e graças à sua força de vontade e determinação logo começou a andar com elas.

Alosha tornou-se o foco da vida do casal. Ursala e Pete relatam nunca terem se sentido mais próximos um do outro. Houve generosidade dos dois em dar as boas-vindas a um menino inválido e de uma outra cultura às suas vidas. Posteriormente, ficaram sabendo que, se Alosha tivesse crescido no orfanato, ao completar 14 anos sua saída teria sido forçada, devido à terrível superlotação, e ele teria que se virar sozinho. Eles sentem gratidão por terem essa luz brilhante em sua família e juram que o menino os mantém jovens. Sua generosidade de espírito trouxe mais vida ao casal.

50

Se seu parceiro está na defensiva, você pode estar dando motivos para isso

CHARLIE: "Você está na defensiva!" Eu costumava gritar isso para Linda, e é claro que eu tinha razão. Não me importava se eu tivesse dado motivos para ela sentir necessidade de se defender. Quando alguém é atacado e sente que está em território hostil, é inevitável que surja a necessidade de se defender.

Um pouco de experiência é algo verdadeiramente perigoso. Nos primeiros anos de nosso relacionamento, *um pouco* de experiência era tudo o que eu tinha. Eu tinha experiência suficiente para reconhecer que Linda estava na defensiva, mas não para reconhecer como eu contribuía para isso. Eu tinha experiência suficiente para entrar em disputas por poder, geralmente levando a melhor, mas não suficiente para perceber as conseqüências da minha competitividade. Eu tinha experiência suficiente para ficar por cima, mas não suficiente para abaixar minhas armas quando estavam ocasionando mais danos do que ajudando. Eu acusava Linda de estar na defensiva mais vezes do que gostaria de admitir tê-lo feito, tentando tirar o foco da atenção de mim e colocar sobre ela.

Embora eu possa demorar a aprender, costumo me lembrar das lições mais difíceis. Essa foi especialmente difícil para mim, mas finalmente aprendi na pele: "Quanto melhor você ouvir, menos seu parceiro ficará na defensiva." Em vez de tentar fazer com que o outro se defenda menos, pergunte a si mesmo: "Posso estar contribuindo para ele se sentir inseguro?" O momento de consciência que faz surgir a pergunta quebra o ciclo da tensão crescente. Você pode fazer a pergunta a si mesmo e à outra pessoa: "Estou fazendo alguma coisa que está levando você a se sentir inseguro ou desconfortável?" É a curiosidade e a atenção autêntica para com seu parceiro que possibilitam uma ligação mais profunda e quebram o impasse da falta de confiança.

Em vez de tentar forçar seu parceiro a se desarmar primeiro, o desafio é você ter coragem suficiente para fazê-lo. Se fizermos isso, convidamos nossos parceiros à vulnerabilidade, em vez de forçá-los. Esse processo de desarmar-se, de descartar nossos mecanismos de defesa frente ao perigo, requer muita coragem e comprometimento. Contudo, é exatamente isso que uma relação de compromisso precisa, se quisermos honrar um ao outro e a nós mesmos de forma amorosa. No início é difícil, mas com a prática podemos cultivar o gosto pela coisa, e com o tempo podemos desfrutar da imensa energia ativada em nós e na relação devido à nossa receptividade.

51

*O casamento não é
50/50, é 100/100*

Simon e Celeste estavam casados havia pouco tempo quando Celeste começou a se sentir desconfortável na relação. Embora Simon ganhasse muito mais dinheiro do que Celeste, eles haviam concordado em dividir todas as despesas. Quando chegava a hora de pagar o aluguel, eles contribuíam com quantias idênticas. Era esse o combinado para todas as despesas: gás, eletricidade, água, supermercado e até mesmo a assinatura do jornal. Quando limpavam o apartamento, faziam isso juntos. Simon sentia um certo orgulho pela "justiça" do acordo. Quando fazia uma massagem em Celeste, marcava o tempo, anotava em um papel e colocava na porta da geladeira com um ímã, até receber uma massagem equivalente dela.

Nas ocasiões em que Celeste fazia um pequeno protesto sobre as anotações na porta da geladeira, Simon dizia que ela reclamava de besteiras. Celeste não estava respeitando seus limites internos, que avisavam que ela estava se traindo. Ela não gostava das regras, mas tinha medo de se colocar com franqueza. Em vez de arriscar um confronto com Simon, escolheu engolir seus sentimentos e ficar quieta em relação à sua insatisfação. Isso não funcionou, e

Celeste foi afundando na melancolia. Nessa época, sua mãe resolveu viajar até sua casa para passarem uma semana juntas. Celeste se animou momentaneamente, antecipando a visita. Ela e Simon limparam o apartamento deixando-o brilhando, sem saber que suas vidas estavam prestes a sofrer uma grande mudança.

Inicialmente, a mãe de Celeste não falava muito. Observava, em silêncio, sua filha e seu genro interagindo, e lia as tabelas e anotações expostas na geladeira. Após alguns dias, a mãe de Celeste não se conteve mais e disse: "Não gosto do que estou vendo aqui. O Simon conduz este casamento como se fosse um acordo de negócios. Mas o casamento não é um negócio. É isso o que você realmente quer?"

Celeste ficou chocada com as palavras da mãe e começou a chorar. Contou-lhe como vinha se sentindo cada vez pior com o passar do tempo, como se sentia abatida e frágil, e como estava infeliz com o fracasso de suas tentativas de fazer Simon atendê-la. A mãe de Celeste foi embora após a filha jurar que diria a Simon o que estava sentindo, e que apesar da dificuldade seria forte e direta quando falasse com ele.

Simon ouviu suas queixas e respondeu que achava o acordo deles ótimo, que era justo e imparcial, e que funcionava muito bem para ele. Celeste insistiu dizendo que para ela não estava funcionando bem e que se eles não conseguissem resolver a questão sozinhos teriam que recorrer à ajuda de uma terceira pessoa. Simon recusou-se a participar de um aconselhamento matrimonial. "Eles só querem nosso dinheiro, e no final nós mesmos é que temos que dar um jeito no casamento. Além disso, os conselheiros matrimoniais costumam ser mulheres, e elas sempre tomam o partido da mulher. Não se pode esperar que sejam imparciais. É uma perda de dinheiro."

Celeste concordara com o combinado durante tantos meses que levara Simon a acreditar que estava satisfeita, quando na realidade não estava. Enquanto isso, a preocupação ostensiva de Simon com a igualdade escondia um nível profundo de desconfiança do casamento. Embora ele reivindicasse que sua postura era justa e equilibrada, em essência, ela refletia uma visão de mundo em que ele percebia as mulheres como não merecedoras de confiança e inclinadas a tirar vantagem financeira e material de seus parceiros. Conseqüentemente, quando Celeste insistiu para que Simon reconsiderasse sua posição, ele não quis chegar a um novo acordo. Percebendo que Simon estava rigidamente apegado à sua autoproteção e constatando que não poderia fazer nada para ganhar sua confiança, Celeste abriu mão do casamento e se mudou da casa. Como era de se esperar, Simon não fez qualquer esforço para conciliar suas diferenças após a separação.

Após o divórcio, Celeste admitiu: "Eu sabia, desde o início, que havia algo de errado entre nós. E esperava que com o tempo Simon confiasse em mim e mudasse. Acho que devia ter sido mais honesta sobre minha frustração desde o início. Na próxima vez, serei."

52

*A confiança pode ser recuperada
mesmo após uma traição dolorosa,
mas isso será muito trabalhoso*

Quando Kristie e Forrest se casaram, Kristie era ingênua a ponto de acreditar que a confiança que sentia na época da cerimônia seria sempre a mesma, e se mudasse ficaria mais forte ainda. Então foi um grande choque para ela descobrir que o nível de confiança tem altos e baixos em todas as relações. Quando tiveram a primeira crise, devido a uma aventura extraconjugal de Forrest, Kristie queria tanto viver a fantasia de que tudo era cor-de-rosa que no início não conseguiu nem reconhecer a perda. Quando encarou a realidade, ficou desesperada, temendo que sua relação radiante estivesse maculada por uma marca negra que nunca poderia ser apagada. Viu essa terrível decepção como o início do fim da relação, e concluiu que os dois nunca se recuperariam.

Os dois tinham muito a aprender sobre restauração de confiança. A primeira coisa que Kristie tinha que fazer era confrontar Forrest expondo seus sentimentos de mágoa e decepção. Depois, precisava enfrentar o desafio de tirá-lo do pedestal e aceitar suas falhas e inadequações. Por outro lado, ela precisava resistir à tentação de encenar o papel de "mais santa do que vós": ela como a íntegra e Forrest como o vil pecador. A partir dessa crise difícil, os dois assumiram uma perspectiva mais madura, reconhecendo que ambos tinham fraquezas de caráter e pontos cegos, assim como qualidades e pontos fortes.

Nos meses que se seguiram, os dois tiveram inúmeras discussões sobre as condições do casamento que deram lugar à infidelidade. Kristie teve que falar de forma compassiva, sem culpar ou se defender, para poder criar uma atmosfera de segurança. Ela demorou muito para conseguir fazer isso. Responsabilizando-se por sua parte, criou um espaço seguro para Forrest poder falar de forma vulnerável sobre a parte dele na quebra de confiança. Ele se abriu dizendo que se sentia sufocado por ela ser tão possessiva, e que em vez de falar com ela diretamente reagiu de forma impensada. Ele fora imaturo naquela noite, bebera demais e agira como se fosse solteiro.

Os dois aprenderam as lições embutidas em seus erros, sobre perdoar e fazer reparações. No início, nenhum dos dois tinha idéia de que o casamento poderia ficar ainda mais forte e maravilhoso do que antes, não devido à quebra de confiança, mas por causa dela. Os dois aprenderam que um relacionamento pode sofrer alguns golpes pesados e não apenas se recuperar plenamente, mas tornar-se mais resiliente. Os níveis de confiança podem melhorar devido à atenção e ao aprendizado necessários à reparação.

53

*Você pode pagar agora ou
mais tarde, mas quanto mais demorar,
mais penalidades e juros serão acumulados*

O aniversário de quarenta anos de Marcy estava chegando, e ela queria uma grande festa. Meses antes, pedira ao marido, Brad, para planejar a comemoração. Ele sabia que o aniversário seria na época das suas provas finais, mas não disse nada. Apenas concordou em fazer os preparativos. À medida que o grande dia se aproximava, Marcy percebeu que não tinha muita coisa acontecendo. Não havia evidências de preparativos para convidados, flores, música, decoração, comida, um bolo, nem nada. Quando finalmente perguntou a Brad, ele admitiu não ter feito nada, e disse que sua festa de aniversário não estava no topo da sua lista de prioridades. Embora tivesse feito um acordo com ela, ele não o cumpriu.

Marcy ficou terrivelmente desapontada e com raiva, mas deixou os sentimentos de lado e se ocupou com a organização da festa. Os dois conseguiram correr na última hora e com a ajuda de amigos organizaram uma tremenda festa de aniversário. Então, a amargura de Marcy cresceu tanto que nas semanas que se seguiram à festa ela se recolheu, ficou fria e distante. Ela estava encerrada em ressentimento. Brad estava pagando juros e penalidades.

Ele tinha medo de tocar no assunto, mas era pior ainda viver no silêncio gelado. Disse a Marcy que realmente sentia muito, e que por não ter sido honesto desde o início obviamente tinha feito uma grande besteira. Brad se colocou de forma vulnerável, mas Marcy não conseguiu perdoá-lo inicialmente. Havia semanas que ela vinha pensando no caso, sobre como não podia contar com ele. Para ela, aquilo não fora um pequeno deslize, ela estava questionando o caráter de Brad.

"Se você tivesse sido honesto comigo em relação às suas provas, eu poderia ter entendido. Eu poderia ter telefonado para minhas duas irmãs e outras amigas para organizarmos a festa. Você só teria precisado desempenhar um pequeno papel. Mas como você não expôs seus sentimentos verdadeiros, achei que podia contar com você. Foi isso que me deixou mais chateada. Agora não sei se você é o tipo de pessoa com quem posso contar ou não!"

Brad não discutiu. Apenas ouviu suas mágoas, desapontamento e raiva. Ele achava justo que ela se sentisse assim. Em vez de tentar provar que ela estava errada, ele procurou demonstrar que era digno de confiança. Brad entendeu que era natural Marcy estar questionando se ele estava sendo honesto com ela, então começou a dizer "Não" quando sentia que não, em vez de tentar blefar quando ela pedia algo. Nos meses seguintes, ele manteve todos os acordos e promessas que fez. Demorou algumas semanas para que a confiança quebrada na relação deles fosse reparada. Ambos aprenderam a importância de falar logo a verdade para evitar as conseqüências inevitáveis da dissimulação. A confiança foi restaurada e se tornou mais profunda do que antes.

54

*A emoção barata que você sente
ao desqualificar seu parceiro
não é tão barata assim*

Faye e Chip estavam enganchados em uma disputa por poder que custava muito ao seu casamento. Como ambos eram impulsionados pelo medo de um ser dominado e controlado pelo outro, por menor que fosse a questão, ela se tornava uma enorme disputa. Cada qual esforçava-se ao máximo para ficar por cima. Faye estava acostumada a expressar todos os seus julgamentos: "Não acredito que você tenha dito isso! Seus pais não o educaram? Você é tão grosso. Você nunca considera os sentimentos alheios. Você é a pessoa mais insensível que conheço. Tem gente que não aprende nunca." E Chip não ficava atrás. Ele logo devolvia para ela: "Quando é que você vai entender? Você nunca escuta! Você sempre me interrompe! Você interpreta errado tudo o que eu digo. Você é igual à sua mãe hipersensível. Não consigo imaginar o que deu em mim para ter me casado com você!"

Se você já se pegou falando algo semelhante a isso, então é culpado por diminuir seu parceiro. Diminuir o outro pode dar uma onda de prazer, advinda de uma breve sensação de superioridade e de segurança temporária por estar atacando alguém. Por maior prazer que isso dê, o preço é alto. Nesse caso, enquanto

Chip e Faye se atacavam verbalmente, o amor que existia no início da relação ia sofrendo erosão. Seus esforços para ficar por cima estavam estragando o casamento.

Quando finalmente procuraram um conselheiro matrimonial, já haviam sofrido muito, devido aos ataques recíprocos. Encontravam-se exaustos da montanha-russa emocional de ser magoados, sentir raiva e depois acertar as coisas, sabendo que na realidade a paz era temporária, apenas uma trégua até o próximo rompante de fúria. Nem Faye nem Chip conseguiam relaxar profundamente em casa. O nível de sofrimento que estavam vivendo motivou-os a baixar as defesas e a procurar a ajuda de que estavam precisando havia muito tempo.

Em seu aconselhamento matrimonial, foram introduzidos à idéia de "ganha-ganha". Isso não é uma estratégia para o sucesso, mas uma compreensão da realidade fundamental de que em uma parceria não existe o ganhar-perder; se o que se ganha for à custa do parceiro, os dois perdem. Quando duas pessoas estão andando em uma bicicleta de dois assentos, se um cai, os dois caem. Ganham juntos ou perdem juntos.

Faye e Chip gradualmente começaram a compreender e a se relacionar de maneira mais cooperativa e menos competitiva. Ao tentarem se relacionar dessa nova forma, descobriram que, embora o conceito fosse simples, implementar a mudança não era fácil. Mas como ambos queriam desesperadamente preservar seu casamento, empenharam-se em "brigar limpo". Foram tomando maior consciência das questões que os impeliam a acusar e culpar o outro, e na maioria das vezes conseguiam evitar os danos antes que fosse tarde demais. Entenderam que as desqualificações vinham de padrões de relacionamento existentes em suas famílias de origem há muitas gerações, e que o trabalho que estavam fazendo não era apenas para eles, mas também para seus filhos e netos. Viram que dependia deles romper os ciclos que tinham resultado em anos de muita dor em suas famílias. A visão de poder libertar seus filhos desses ciclos dolorosos deu-lhes o incentivo para se comprometerem com esse trabalho que no final lhes traria maior paz interior e interpessoal. Chip sabia que não estava exagerando quando se referia aos esforços necessários para quebrar seus padrões de reação como "hercúleos".

Faye e Chip aprenderam a brigar de forma justa. Conseguiram se livrar da tendência habitual de cometer pequenas agressões. Ambos perceberam que podiam exercitar auto-regulação, vulnerabilidade e honestidade emocional para criar uma atmosfera de respeito. Ao se acostumarem com a experiência de maior confiança e segurança, ficaram menos tolerantes com comportamentos que antes pareciam normais em sua relação. Os padrões de abuso verbal cessaram totalmente e os dois alcançaram um grau de confiança e respeito que nunca haviam imaginado ser possível. Em nosso último encontro, Faye disse: "Se nós conseguimos, qualquer um consegue!"

55

*O casamento requer sacrifícios sim,
mas os possíveis ganhos são infinitamente
maiores que a renúncia*

CHARLIE: No passado, quando tinha fobia de compromisso, estava certo de que os custos do casamento eram muito mais altos do que suas recompensas. Mesmo assim, esse medo não me deteve e casei-me. Durante muito tempo, porém, o medo não permitiu que me entregasse totalmente à relação. Mantinha-me parcialmente na retaguarda e dava prioridade às minhas necessidades (ou o que eu acreditava serem minhas necessidades), sem considerar as de Linda. Nesse nível meio inconsciente, imaginava que dessa forma estava compensando minha perda de liberdade. Obviamente, essa estratégia não funcionou. Minha luta para manter o controle só resultou em sofrimento para nós dois. Com o tempo, vi que as dádivas do casamento eram muito maiores do que as preferências que eu abandonara. No final, o bem-estar de Linda passou a ser tão importante para mim quanto o meu. Durante o processo, senti mais satisfação e alegria do que nunca. Sacrificar meu desejo de controle e autogratificação pelo compromisso de intimidade, apoio recíproco e crescimento espiritual foi o que me deu maior prazer. O resultado teria sido um ótimo negócio, mesmo se o preço fosse cem vezes mais caro.

Não quero com isso subestimar os sacrifícios que às vezes temos que fazer em um casamento. Nem *sempre* podemos fazer o que queremos, quando queremos. Pelo menos temos que negociar e coordenar nossas preferências, gostos, horários e estilos com os da outra pessoa. Nem sempre podemos escolher o vídeo, o sorvete, o tapete, o restaurante ou o local das férias. Às vezes, teremos que nos mudar para outro estado por causa da carreira do companheiro, aceitar ter mais ou menos filhos do que gostaríamos, ou cuidar dos sogros em idade avançada. Podemos até ter que passar por momentos de dificuldade financeira, vícios, depressão, doenças graves ou tragédia. Se ficarmos juntos, em algum momento teremos que suportar a morte do companheiro, ou ele suportar a nossa.

Aprendendo a abrir mão da necessidade de que tudo seja sempre como queremos, podemos criar uma relação harmoniosa que nos proporcione uma satisfação mais profunda do que a gratificação do desejo egoísta. Quando criamos uma história compartilhada com outra pessoa, desenvolvemos segurança e confiança, permitindo um aprofundamento de intimidade impossível de se criar em relações superficiais. E o mais importante de tudo isso é que nos tornamos seres humanos mais amorosos.

56

*Bom sexo não garante um
ótimo casamento,
mas ajuda bastante*

Assim como bom sexo pode melhorar muito uma relação, a insatisfação sexual pode diminuir em muito a qualidade da ligação entre um casal. Não é apenas o ato sexual em si que importa, mas a maneira como cada um vê essa experiência e a boa vontade que se tem para respeitar o ponto de vista e os desejos do parceiro. Ian e Meredith vieram procurar aconselhamento porque pensavam diferente sobre a freqüência de sua atividade sexual. Ian tinha uma libido mais forte e acreditava que experiências sexuais mais freqüentes era tudo o que precisavam para melhorar as coisas, enquanto Meredith achava que sexo não era tão importante assim. Ficaram tão polarizados que começaram a dormir em quartos separados.

Meredith raramente sentia prazer no sexo. Era assombrada por lembranças infelizes de ser tocada de forma não apropriada por seu pai e relutava em falar sobre esses fatos traumáticos. Quando Ian a pressionava para fazer sexo, ela ficava muito ansiosa, o que só piorava as coisas. No aconselhamento do casal, encorajamos Ian a ter paciência e a parar de insistir em fazer sexo. Meredith começou a se abrir para os sentimentos, havia muito negados, sobre seu trauma sexual. Ela trabalhou com um grupo de mulheres para falar mais abertamente sobre os episódios de incesto, e com o tempo pôde livrar-se de grande parte da vergonha que vinha carregando.

Após vários meses de prática de novas maneiras não sexuais de se tocarem, Ian e Meredith conseguiram ter relações sexuais. Sua cura sexual precisou de um esforço considerável, mas frutífero. Passaram a ver sua sexualidade como aspecto essencial de uma ligação íntima, um meio de entrosar amor, brincadeira e paixão.

O esforço que fazemos para estimular o aspecto sexual das nossas relações é em si uma forma de expressar amor e nutrir a parceria. Em outros momentos, precisamos de mais paciência e moderação na relação sexual, para que nosso parceiro não se sinta pressionado e controlado. Às vezes temos que ter maior disposição para fazer sexo, mergulhar no mundo do parceiro, não como um ato de submissão ou acomodação, mas como uma maneira de levar prazer e alegria para a vida do outro. Durante o processo de fazer sua parte para tornar a relação sexual mais gostosa, os dois parceiros sentem-se mais amados e apreciados. Identificando e fazendo o que pudermos para acabar com o impasse sexual, não só acrescentamos mais prazer ao nosso casamento, como criamos uma crescente sensação de gratidão, amor e apreciação.

57

*O perdão não é um
acontecimento isolado,
é um processo*

LINDA: Algumas pessoas têm facilidade de se desligar, mas talvez precisem aprender mais sobre compromisso e união quando a situação fica difícil. Outros são fortes no departamento de compromisso, mas podem ter dificuldade de soltar as rédeas do controle, mesmo que seja isso que a situação esteja pedindo. Sempre tive forte tendência para guardar ressentimentos, então meu desafio tem sido me soltar. Nos primeiros anos do nosso casamento, quando ficava magoada, passava dias, semanas ou meses lambendo minhas feridas e (nem tanto) secretamente amargando rancor contra Charlie por ser tão mau, negligente ou insensível em relação a mim. Ele, por outro lado, geralmente parecia conseguir se desembaraçar rapidamente dos sentimentos de ressentimento e mágoa. Ele ficava com raiva e logo esquecia.

Quando eu ficava magoada, sempre tinha um lado meu que teimosamente se recusava a desculpar. Eu não queria abrir mão da raiva. Ela me dava uma sensação de superioridade. Contudo, com o tempo, comecei a perceber que isso estava me fazendo mal. Quando Charlie estava trabalhando demais e passando pouco tempo em casa, eu ficava cheia de ressentimento e o peso disso me botava para baixo. Mesmo após me comprometer em ser mais indulgente, tive muita dificuldade para quebrar o hábito de guardar mágoas.

O impulso de retaliação e punição é forte em muitas pessoas, e é ativado quando nos sentimos injustiçados ou traídos. Em face desses sentimentos, às vezes é quase impossível baixar a guarda e arriscar perder a "proteção" que o rancor cria, nos expondo ao risco de novas feridas. O que acabou me motivando a romper com o hábito de cultivar o ressentimento foi perceber que eu estava criando meu próprio sofrimento. Eu estava infernizando minha vida!

No processo, vi que era eu quem precisava perdoar a mim mesma. Precisava me perdoar por pecados antigos que sentia ter cometido (tal como ser mãe e esposa "imperfeita") e por supostas falhas que caracterizavam minha personalidade e me tornavam indigna da minha própria aceitação amorosa (tal como às vezes estar irritada e impaciente com minha família). Eu também tinha de me perdoar por não perdoar. Tinha que aceitar que o hábito de guardar ressentimentos contra mim e os outros era um padrão aprendido, não escolhido, e que isso não era minha culpa. Contudo, reconheci que, àquela altura da minha vida, tinha o poder de mudar essa tendência profundamente arraigada.

Entendi que essa mudança exigia grande esforço, prática, apoio, tempo e muita paciência —, e, claro, houve momentos em que precisei me perdoar por demorar tanto. Como a cura de feridas físicas, o processo do perdão leva tempo e ocorre em etapas. Precisei ver que as mesmas feridas continuariam me afetando, a não ser que eu estivesse realmente disposta a abandoná-las e a abrir meu coração. Tratava-se de um delicado equilíbrio entre não procrastinar e não correr, mas aprendi que podemos vencer mesmo os maiores desafios se dermos um pequeno passo de cada vez.

58

*Até mesmo a menor
fagulha pode reacender
o fogo do amor*

Quando Raymond e Marion vieram ao nosso workshop, estavam prestes a se divorciar. Moravam separados havia dois meses, mas nem mesmo essa separação fora suficiente para apaziguar a dor e a raiva acumuladas entre eles durante quase quatro anos. Raymond trabalhava para uma renomada firma de advocacia que demandava lealdade absoluta e serviço fiel de seus empregados. Isso era traduzido em muito dinheiro, mas também criava destruição nas vidas dos advogados da equipe, sendo a maioria de solteiros ou divorciados. Como o próprio Raymond admitira: "Esse lugar é tão bom para o casamento quanto a fumaça de cigarro para os pulmões." Não era um quadro bonito. Durante os seis anos que Raymond trabalhara para a firma, ele viu "Mais casamentos do que era capaz de contar se romperem e terminarem".

O trabalho exigia muito e grande parte dos clientes era de outras cidades, o que o obrigava a viajar bastante. Ao contrário de vários dos seus associados, Raymond conseguia resistir à tentação da vadiagem nas viagens. Mas quando chegava em casa, estava tão exausto que tinha pouca energia para Marion e seus dois filhos. O casamento deles estava se deteriorando devido à negligência crônica e à falta de vínculo emocional. Após meses de conflito e separação, estavam balançando sobre o precipício do divórcio.

Em um workshop de relacionamentos, Marion ficou surpresa quando sugerimos que ela, que estava sentindo a maior dor, devia ter um papel mais ativo no fortalecimento do casamento. Nosso conselho não foi por ela ter mais responsabilidade do que Raymond pela qualidade da relação, mas por ela estar mais motivada a mudá-la, devido à sua profunda aflição. O vício de Raymond com relação ao trabalho o havia deixado insensível à dor de Marion e à sua própria dor escondida por estar tão desligado da família. Embora Marion não achasse justo ter sempre que tomar a iniciativa necessária à relação, se deu conta de que até Raymond acordar de seu transe induzido pelo trabalho havia pouca possibilidade de as coisas entre eles mudarem. Ela sabia que, se havia alguma chance de salvar seu casamento, teria que assumir um papel de liderança, e que mesmo fazendo isso não havia garantia de nada.

Ela saiu do workshop prometendo a si mesma que se esforçaria ao máximo para fazer as coisas darem certo e que se responsabilizaria pelo processo de criar o tipo de casamento que os dois realmente desejavam. Ela abraçou esse compromisso e trabalhou o tempo todo, deixando suas dúvidas e medos em segundo plano. Ela se agarrou à perspectiva de que conseguiriam recuperar sua essência e profundidade, trabalhando convicta de que esse momento tumultuado era apenas temporário. Embora Raymond fosse pessimista em relação a salvar o casamento e muitas vezes achasse que seria mais simples e fácil "Aceitar a perda e seguir adiante", Marion sabia que ainda havia uma fagulha. Ela não estava pronta para declarar a morte de seu casamento enquanto ainda houvesse um sopro de vida nele.

Aos poucos, conforme sua convicção se fortalecia, Raymond foi se abrindo cada vez mais à possibilidade de tudo dar certo para eles. Enquanto Marion alimentava sua intenção de levar mais amor e reconhecimento para seu casamento, passava a reclamar menos de Raymond, e ele se via mais aberto a ela e a sentir seu amor, em vez de seu ressentimento e sua irritação. Por ela estar priorizando o que realmente queria viver com o marido em vez de o quanto ele a decepcionava, Raymond sentiu-se inclinado a passar mais tempo com a família.

Os dois tiraram férias de uma semana, sem as crianças, algo que não faziam havia anos. Eles voltaram a sair juntos à noite, pelo menos uma vez por semana, e contrataram alguém para cuidar das crianças. Raymond arriscou falar sinceramente com seu supervisor imediato em relação à questão das viagens de negócios que estava disposto a aceitar, e para sua surpresa o supervisor concordou em modificar sua agenda.

Juntos deram novo fôlego e ressuscitaram um casamento que estava morrendo. No processo de trabalharem juntos, o amor começou a fluir de novo em seus corações e transformou sua relação. "Olhando para trás, nosso casamento passou por uma experiência de quase-morte. Mas por vermos o quão perto do precipício estávamos, conseguimos trazê-lo de volta à vida", disse Marion. Como sobreviventes que voltam do portão da morte, Marion e Raymond agora sentem maior apreço um pelo outro. Ambos têm certeza de que nunca mais chegarão tão próximos do precipício.

59

*Se você descobrir o que o seu
parceiro quer e ajudá-lo a
conseguir, ambos ficarão mais felizes*

Seth era engenheiro e pensava de forma bastante concreta. O mundo das emoções e sentimentos lhe era estranho. Ele não sabia quais eram os desejos mais profundos de sua esposa Lillah, tampouco tinha noção dos próprios desejos, pois não se fazia esse tipo de questionamento. Embora amasse Lillah, ele não a conhecia verdadeiramente. Eles viviam um script, que tinham adotado havia anos, e nunca pararam para descobrir se ele servia às suas necessidades e desejos individuais e compartilhados. Após uma discussão muito dolorosa, ficou claro para cada um que emocionalmente estavam vivendo como estranhos. Em vez de optar pelo divórcio, decidiram descobrir com quem cada um estava realmente vivendo. Sua averiguação começou com algumas perguntas bem básicas: do que você não gosta? O que gosta de fazer com seu tempo livre? O que você gosta de fazer em minha companhia? Do que você precisa quando está infeliz? Que tipo de ajuda funciona para você? O que anima você? O que desanima você? O que você realmente adora fazer? O que dá a você maior alegria?

Uma de suas primeiras descobertas foi um desejo mútuo de incrementar sua vida sexual. Quando começaram a introduzir mais brincadeiras e criatividade no quarto do casal, deram um passo para um bom começo. Então Lillah disse que gostaria que sua casa fosse própria. Dentro de um ano conseguiram dar entrada em um financiamento. Seth queria plantar árvores frutíferas e flores. Lillah não gostava muito de trabalhar no jardim, mas fazia companhia ao marido enquanto ele cavava e plantava, porque significava muito para ele. Ambos descobriram que quando ajudavam um ao outro a satisfazer seus desejos nunca tinham a sensação de sacrifício, e podiam desfrutar do prazer juntos. Eles aprenderam rápido e sua relação tornou-se uma busca gratificante de como poderiam presentear o outro com a satisfação dos grandes anseios de seus corações. Eles se deram conta de que o seu maior desejo era ter mais amor em suas vidas. Aprenderam a criar as condições que permitem viver de coração aberto.

Estavam praticando tudo isso havia meses quando ofereceram a Seth um serviço de engenheiro no exterior. Aceitar a designação implicaria deixar Lillah sozinha por oito semanas, com três crianças muito ativas mais seu próprio emprego. Como já fazia demais em seu dia-a-dia, ela sabia que isso seria difícil. Seth ia trabalhar em lugares onde não teria acesso a telefone. Lillah encarou tudo isso como uma prova final. Sabia o quanto Seth desejava ir, e não hesitou em apoiar a decisão dele. Embora alguns aspectos da separação tenham sido difíceis, a experiência acabou sendo muito enriquecedora. Lillah descobriu que, quando colocada em teste, pôde lidar com as exigências da vida. Foi recompensada com uma imensa sensação de orgulho e confiança em si mesma, e também com a gratidão e o respeito profundos de Seth.

60

*O casamento em si não faz de
você uma pessoa melhor, mas
aceitar seus desafios sim*

LINDA: Quando me casei era fraca, chorona, inconsciente e inexperiente. Não tinha idéia do que me esperava e nutria várias fantasias nada realistas. Havia engolido todos os mitos românticos de Hollywood. Com o passar do tempo, minha experiência de vida ajudou-me a despertar desse transe. Nem sempre foi fácil e divertido, é dolorido quando os mitos caem por terra, mas finalmente abri meus olhos. No início da década de 70 vi um pôster, de tamanho real, do Swami Satchidananda, de tanga, curvado sobre uma prancha de surf. A legenda dizia: "Você não pode deter as ondas, mas pode aprender a surfar."

Aprendi que o casamento é assim. Mesmo quando se é um bom surfista, às vezes as ondas nos derrubam. Os desafios não param. Fui chacoalhada várias vezes enquanto estava aprendendo. Isso acontece a todos nós. Com o tempo, foi ficando mais fácil, especialmente quando percebi que o casamento pode ser um caminho — uma prática para se tornar uma pessoa mais forte e inteira. Os desafios então foram: o que devo aprender com isso? Como posso me desenvolver mais plenamente? Que dádivas tenho para dar?

Uma das coisas que demorei a aprender foi que me concentrar no que Charlie estava fazendo e tentar modificá-lo não era uma boa estratégia para trazer maior satisfação à minha vida. Conforme fui ficando mais capaz de me concentrar em mim mesma, e não em Charlie, comecei a sentir maior retorno da energia que despendia. Em vez de tentar fazer Charlie cuidar melhor de mim, concentrei-me em eu mesma fazer isso. Era uma forma muito mais eficiente de fazer as coisas, era como tirar o intermediário. Além disso, pude desenvolver aspectos meus que sempre tive vontade. Meus níveis de coragem, autodisciplina, honestidade, paciência, autoconfiança, perdão, equilíbrio e compaixão cresceram muito. Eu estava de mãos cheias!

O casamento servia a várias oportunidades de crescimento. Vivi e trabalhei ansiedades em relação a dinheiro, conflitos relativos à educação dos filhos, solidão resultante de separações físicas ou emocionais de Charlie, raivas por não me sentir apreciada, decepções de expectativas (foram demais para listar), pânico em face de doenças graves e frustração por não ter tempo suficiente para todas as áreas da minha vida. A aceitação do que o casamento me deu catalisou muito meu crescimento, tornando-me uma pessoa mais consciente, digna e amorosa.

Dirigindo-se ao Explorer Club, a organização que patrocinou sua primeira viagem malsucedida ao cume do monte Everest, Sir Edmund Hillary olhou para uma foto projetada da montanha, brandiu seu punho fechado e gritou: "Você não consegue ficar maior, mas eu consigo." Hillary realmente voltou e conquistou aquela montanha, ele ficou maior. Para ele, isso significou um maior desenvolvimento das qualidades necessárias para vencer os desafios do Everest. O casamento nos convida a fazer o mesmo, desafia-nos a nos tornarmos maiores. Tal união nem sempre nos brindará com o companheiro dos nossos sonhos, mas se nos abrirmos totalmente ao que ela evoca em nós, nos tornaremos o companheiro dos nossos sonhos.

Todos conhecemos casais que estão juntos há anos, mas que não parecem ter aprendido muito sobre a vida e o amor. Podem ainda estar fechados, com medo e raiva, ressentidos e negativos. Esses casais podem se manter, mas sem aproveitar os momentos de ensinamentos da vida. Do casamento, só têm a mostrar o registro do tempo que viveram juntos. Outros casais têm uma sabedoria que está muito além dos anos que passaram juntos. Estes usaram os desafios de suas vidas individuais, assim como aqueles provenientes do casamento, como oportunidades de aprendizagem e crescimento. Qualquer um, em qualquer momento, pode aceitar os desafios que se apresentam continuamente, em vez de evitá-los. Na aceitação dos desafios, a compaixão, a sabedoria e o amor amadurecem.

61

*Criar um grande casamento
costuma demandar mais tempo
e esforço do que se imagina*

Uma das letras de Bob Dylan de que mais gostamos diz: "Aquele que não está ocupado em nascer, está ocupado em morrer." Estas palavras falam do desafio de criarmos uma vida entusiasmada. Essa disposição também é necessária para promovermos a vitalidade em um casamento. Se não o fizermos, a paixão que originalmente acendeu nossos desejos se extinguirá. Quando isso ocorre, os padrões de condicionamento podem tomar conta da relação e corroer os alicerces do amor. Com o passar do tempo, as pequenas coisas que tentamos não ver, ou deixar pra lá, podem se acumular, deixando-nos repletos de frustrações e decepções. Necessidades não satisfeitas e ressentimentos negados podem destruir uma relação que antes era forte e saudável. Podemos acordar um dia e perceber que já não nutrimos a mínima esperança. Nossos relacionamentos podem se autodestruir, se não estivermos atentos e conscientes.

Uma relação de amor não pode ser criada com pressa. São necessários tempo e esforço para tornar uma relação de amor em uma bela criação. É também necessário um trabalho contínuo para manter essa relação em boas condições. Pode levar anos para se desenvolver um estilo de companheirismo que funcione para as duas pessoas. As melhores relações estão sempre crescendo, são constantemente recriadas.

Outro sábio dos nossos tempos, Woody Allen, certa vez disse: "A relação é como um tubarão, se seu movimento cessar, ele morre." Por tendermos a subestimar a complexidade das relações humanas, esperamos que a satisfação ocorra rápida e facilmente. Essa crença abre espaço para a inevitabilidade de grandes decepções, e também para a possibilidade de nos ressentirmos (em relação ao parceiro) ou de nos sentirmos inadequados (em relação a nós mesmos). Em um mundo que promove a expectativa da gratificação imediata, é fácil esquecer que a maioria das pessoas se casa sem ter se desenvolvido em um ser humano amoroso e autêntico. As várias facetas do casamento nos conferem a experiência necessária para tal desenvolvimento. Esse empenho é para toda a vida, não é um esforço transitório que se faz da noite para o dia. Normalmente, é preciso mais paciência e fé do que imaginamos para continuarmos a nos esforçar sem desistir diante das frustrações. Quando os dois parceiros estão dispostos a fazer sua parte nesse processo, a preocupação com o tempo fica em segundo plano, à medida que nos envolvemos com as alegrias advindas do processo.

62

A criação de um casamento é como o lançamento de um foguete: quando livre da atração da gravidade, requer muito menos energia para manter seu vôo

Assim como um ônibus espacial queima cerca de noventa por cento do seu combustível nos primeiros momentos de vôo, o casamento também requer maior dispêndio de energia durante os estágios iniciais. Mas, no casamento, esses estágios provavelmente durarão alguns poucos anos e não alguns minutos. É no início do casamento que geralmente encontramos os verdadeiros desafios do compromisso, tais como a necessidade de abrir mão do controle, a capacidade de parar de resistir às mudanças, a escolha de pôr de lado os desejos do ego em favor da parceria e a disposição de se colocar de forma vulnerável e honesta diante do medo e da dor.

Felizmente, essa concentração de energia não é necessária em base permanente. Quando o casamento passa pelos estágios iniciais, a quantidade de energia necessária para abastecer o compromisso diminui de modo significativo. Infelizmente, muitos casais não conseguem passar pelos desafios que surgem nos primeiros estágios. Quando se deparam com as exigências inevitáveis que ocorrem em todas as parcerias de compromisso, uma ou ambas as pessoas podem decidir que é trabalho demais; que não foram feitas para isso; que não vão conseguir viver assim durante cinqüenta anos; que de uma forma ou de outra, as perspectivas são opressivas demais.

Contudo, os casais que conseguem encontrar força e esperança para resistir à tentação de largar tudo, quando se deparam com o inevitável sentimento de desânimo, costumam ser recompensados por sua persistência e esforços. Estes são aqueles que entendem que esses sentimentos e dúvidas são praticamente universais e que não refletem uma disfunção básica em seu novo relacionamento matrimonial. Eles sabem que se continuarem tentando e confiando, muito provavelmente desenvolverão a força que o casamento requer. Assim como um atleta que fica mais forte quando se nega a desistir e persiste quando seu corpo não agüenta mais, os casais podem fazer o mesmo. A recompensa para esse tipo de perseverança é maior do que um bom casamento; ela é também uma das maiores sensações de bem-estar pessoal por ter honrado o compromisso matrimonial. Sim, pode ser muito difícil, mas o processo fica mais fácil com o passar do tempo, e as recompensas podem exceder nossas expectativas.

63

Sentir atração por outra pessoa não diminui a qualidade do seu casamento, mas agir impulsionado por essa atração sim

LINDA: Sou uma esposa ciumenta em recuperação. No início do nosso casamento, eu era muito insegura. Certa vez, quando vi Charlie dançando com uma loira alta, magra e atraente em uma festa, entrei em uma terrível crise de ressentimento. Na volta para casa, explodi. Foi a maior cena, e quase batemos com o carro. Quando a poeira baixou, conseguimos falar sobre o flerte dele e a minha reação. Nos anos seguintes, vivemos outros episódios semelhantes, e aos poucos fui conseguindo acreditar que os flertes de Charlie são inofensivos e não colocam nossa relação em risco. Agora que já não fico possuída pelo pânico nessas ocasiões, me percebo como mera expectadora.

Contudo, foram necessários tempo, conversas e ajustes de ambas as partes para chegarmos a isso. Sei que nenhum de nós faria algo que colocasse nosso casamento em risco ou magoasse o outro — nossos limites estão claros. Na calma dessa certeza, hoje me alegro com a vivacidade do espírito humano que nos leva a sentir a centelha da atração por outras pessoas de tempos em tempos. Não quer dizer que algo esteja faltando ou esteja errado em nosso casamento, só porque ocasionalmente sentimos atração — às vezes intensa

— por outra pessoa. Sensações no corpo, pensamentos que brincam na mente, fantasias na imaginação são apenas parte do show que vai passando. Eles surgem, e se não os alimentarmos, eles se vão. São testemunhos de que nossa paixão vai bem, obrigado.

64

Um casamento bem-sucedido depende mais de como você lida com sua realidade atual do que das suas experiências do passado

Por sermos terapeutas, seria normal nos imaginar como os últimos a dizer que o passado não é tão importante assim. Mas aprendemos muito com nossos clientes, vários deles passaram anos contando e recontando as histórias de sua infância. Embora não haja dúvida de que as primeiras experiências de vida desempenham um papel significativo em nossa formação, está claro também que outros fatores exercem uma influência por vezes maior ainda sobre a qualidade da nossa vida e relacionamentos atuais. Podemos acessar, dissecar, avaliar e analisar o passado pelo resto de nossas vidas, como muitos fazem. Podemos usar histórias do passado para justificar uma crença na nossa inevitável infelicidade. Contar esse tipo de história surte pouco efeito sobre o processo de criação do nosso futuro. Aprender com o passado e colocar as lições em prática no presente é o que faz criar um futuro diferente. Esse processo requer que examinemos e questionemos nossas crenças antigas e ocultas.

Não importa quantas vezes uma mulher se lembre dos abusos que sofreu do pai e atribua sua desconfiança dos homens a ele, seus relacionamentos não mudarão até que ela aprenda as lições inerentes à recuperação de uma experiência traumática, por mais dolorosas que sejam. Lembrar do passado não é o suficiente. Precisamos integrar suas lições à nossa vida atual para que no futuro seja diferente. Isso significa aprender mais sobre nossa parte nas relações fracassadas e identificar alternativas que não pudemos perceber na época, seja por termos sentido muito medo ou estarmos confusos. Saberemos que estamos progredindo quando não mais sentirmos a necessidade de recontar as mesmas velhas histórias, e nos percebermos tomando atitudes novas e mais eficazes em nossos relacionamentos. Com suavidade e respeito, podemos diminuir o filme de nossas vidas, permitindo que os antigos sentimentos venham à tona e, nesse processo, encontrar a força e a sabedoria que precisamos para fazer escolhas que melhorem nossas vidas.

65

*Para prosperar, o amor requer
momentos de separação
assim como de união*

LINDA: Quando era menina, às vezes brincávamos de corrida de três pernas. Eu fazia uma dupla com outra menina, um adulto amarrava uma das minhas pernas à da outra menina com um lenço, e nós pulávamos correndo contra outra dupla. Não conseguíamos nos mover muito rápido, mas ríamos muito. A dupla que cruzasse a linha de chegada primeiro ganhava o prêmio. Eu adorava essa brincadeira, apesar de quase nunca ganhar.

Muitos casais aplicam esse modelo ao casamento. Eles tentam fazer tudo juntos, e quase não têm atividades que não sejam em dupla. Esse tipo de união extrema não costuma ser sinal de amor, mas sim de dependência mútua que gera ressentimentos ocultos. Embora esse acordo pareça funcionar no início do casamento, é só uma questão de tempo para ele parar de funcionar. O que inicialmente dava a sensação de segurança, conforto e proximidade, passa a ser percebido como controle, sufocação e prisão. A separação é tão essencial a uma relação quanto o estar junto. Quando qualquer um desses aspectos falta, a relação fica desequilibrada e possivelmente instável. Para que o casamento prospere, cada um precisa estar seguro em sua própria vida e ao mesmo tempo conectado ao parceiro.

Quando estamos sós, podemos sentir nossa individualidade, expressar nossos gostos e fazer as coisas em nosso ritmo. Além disso, quando estamos tendo essas experiências, nosso parceiro tem a oportunidade de sentir nossa falta, e ficamos felizes quando nos reencontramos. Em vez de dois pedaços tentando se unir para criar um inteiro, aprendemos a manter nossa autonomia e a sermos inteiros, como dois seres humanos distintos.

66

*Todos temos um
diagnóstico terminal*

Mollie e Shepherd se conheceram quando ambos tinham 15 anos de idade. Apaixonaram-se e namoraram até terminarem a escola. Quando se formaram, Shepherd resolveu que queria experimentar estar com outra mulher, e eles terminaram. Após dois meses de tentativa de separação, os dois estavam infelizes e decidiram voltar a namorar. Casaram-se, e tudo correu bem nos primeiros anos. Raramente brigavam e, quando isso ocorria, logo resolviam a questão. Em geral eram honestos, respeitosos e bondosos um com o outro. Tinham vários interesses em comum e expressavam seu afeto com freqüência e abertamente. Era quase bom demais para ser verdade.

Quando lhe perguntavam o segredo do seu sucesso, Mollie explicava que ela desenvolvera uma doença nos rins quando era criança. Ela fora uma das primeiras pessoas a experimentar o transplante e tinha que tomar remédio todos os dias para assegurar que seu corpo não rejeitasse o rim recebido. Não havia como prever quanto tempo ela sobreviveria. Mollie e Shepherd viviam sempre com o fantasma da morte. Essa consciência surtia um impacto profundo em todas as suas escolhas, grandes ou pequenas. Eles conseguiam não dar importância a várias pequenas preocupações porque haviam realmente aprendido a não se importar com questões menores.

Mollie e Shepherd sabiam algo que a maioria tende a esquecer: nosso tempo juntos é limitado e não sabemos quando terminará. Nesse sentido, todos temos um diagnóstico terminal. A consciência de que a morte é inevitável, e de que um dia nosso amado companheiro pode sair de nossa vida, confere outra perspectiva aos acontecimentos do dia-a-dia. Embora a maioria prefira não pensar em assuntos tão "deprimentes", levar essa compreensão à consciência na realidade nos desperta sentimentos de gratidão, apreciação e urgência. Embora não precisemos correr na vida, tampouco precisamos perder tempo. Ao negar a inevitabilidade da morte, a nossa e a de nosso companheiro, reforçamos a ilusão de que temos todo o tempo do mundo. Vivemos com a falsa tranqüilidade de que podemos deixar para outro dia a resolução de coisas realmente importantes. Pouquíssimas pessoas chegam ao fim da vida sentindo que gastaram tempo demais amando. Muitos lamentam, porém, terem postergado, ou nunca terem expressado seu amor e sua gratidão.

Quando encontramos a coragem de aceitar a verdade da nossa existência, que é limitada e temporária, fica impossível viver em um estado de negação e adiamento. Embora muitas pessoas sentissem pena de Mollie e Shepherd porque sua doença não permitia que levassem uma vida "normal", eles se sentiam abençoados, não só por causa do amor que compartilhavam, mas porque o destino lhes tornara impossível esquecer a verdade mais importante de suas vidas: que não temos nem um momento a perder para demonstrar nosso amor. Por isso, cada um deles sentia gratidão profunda.

67

*Não guarde os
sentimentos de gratidão
para si mesmo*

Com que freqüência sua gratidão se dissipa antes de você expressá-la ao seu companheiro? Nesse caso, a frase "Se você ignorar, logo vai passar" infelizmente é verdadeira. Quando não expressamos o que sentimos internamente, o sentimento logo se dissipa e perdemos a oportunidade de aprofundar nosso relacionamento. Uma das formas mais fáceis e poderosas de fortalecer nossa ligação é dar voz aos nossos sentimentos de apreciação e gratidão. O reconhecimento, de qualquer tipo, não importa o quão insignificante possa parecer, é capaz de aprofundar o vínculo do cuidado mútuo além da nossa concepção.

Considere por um instante todas as ocasiões em que se lembra de algo em seu parceiro que realmente aprecia mas não expressa. Talvez ele tenha preparado uma refeição deliciosa ou ouvido suas preocupações e frustrações relativas a um problema no trabalho. Talvez você tenha assistido com admiração como ele pacientemente ajudava seu filho a fazer o dever de casa, ou você percebeu o cuidado especial que ele tem com as plantas ou animais de estimação, ou ficou tocado por sua boa vontade em se levantar no meio da noite para atender ao bebê. Talvez ele tenha lhe levado uma xícara de chá, feito uma massagem nos seus ombros ao final de um dia de trabalho exaustivo, ou deixado você escolher o filme que iam assistir. Atitudes simples, como fazer companhia ao parceiro enquanto ele lava a louça, o faz lembrar de que é amado. Nenhum dia deve se passar sem que exteriorizemos nossa gratidão por algo. Cada reconhecimento é um presente para nós mesmos e para nosso parceiro, já que a boa vontade que promove no final volta para nós várias vezes.

68

*Saber onde seus limites
estão e estar disposto a traçá-los
é bom para seu parceiro e para você*

LINDA: Um dia, no início da década de 1970, minhas amigas e eu estávamos sentadas, reclamando amargamente de um dos nossos assuntos favoritos: o egoísmo dos homens. "Com todos os privilégios masculinos com que foram criados, eles esperam que tudo seja de acordo com a vontade deles. Abaixo o patriarcado! Os homens são tão crianças, tão centrados em si mesmos, tão imaturos, tão egoístas!" Nós concordávamos que os homens eram o problema essencial, e que algo deveria ser feito em relação a eles. Poucos dias depois, entrei no banheiro e encontrei a tábua do vaso para cima. Fiquei tentada a expressar minha indignação sobre mais um exemplo do egoísmo masculino, mas em um momento de consciência decidi ficar de boca calada. Pensei comigo mesma: "Há coisas pelas quais vale a pena brigar, mas esta não é uma delas."

Vários anos antes, Charlie e eu concordamos que sairíamos juntos ao menos uma vez por semana. Logo após termos feito esse acordo, ele por várias vezes cancelou ou chegou tarde, diminuindo nosso tempo juntos. Eu sabia que isso era algo para o que eu não estava disposta a fechar os olhos, diferentemente da questão da tábua do vaso. Sem ameaçá-lo e sem gritar, me posicionei de forma clara, dizendo a Charlie que esse acordo era muito importante para mim e que eu apreciava profundamente cada minuto que tínhamos para estar juntos. Nosso encontro semanal ficou instituído como parte da nossa vida. Essas poucas horas tornaram-se o ponto alto da minha semana, enriquecendo e satisfazendo a nós dois. Charlie já me agradeceu várias vezes por ter tido firmeza na minha posição sobre essa questão. Hoje em dia, é raro perdermos um encontro. Quando isso ocorre, geralmente sou eu quem cancela, mas sempre marcamos outra data. Algumas questões são mais importantes do que outras. Eu poupo minha energia para aquelas que importam.

69

*Você não tem que saber
amar para se casar;
você aprende treinando*

CHARLIE: Eu tinha 25 anos quando Linda e eu nos casamos, um rapaz de 25 anos muito jovem. Foi bom eu não ter noção do que me esperava, pois se tivesse eu teria sumido em vez de aparecer na cerimônia. Eu não era mais maduro do que meus amigos, em sua maioria solteiros; eu não era muito consciente para perceber os verdadeiros desafios e responsabilidades inerentes ao casamento.

Após dois anos de casado, eu era pai, único responsável financeiro pela família, trabalhava e estudava em tempo integral. Consumido pelas dúvidas acerca de minha capacidade em lidar com tamanhos desafios, me sentia subjugado. Quando era mais jovem, prometi a mim mesmo que quando fosse adulto seria um ótimo marido e um pai melhor ainda. Ia dar à minha família tudo o que eu quis mas não ganhei quando estava crescendo: um lar confortável, divertido, protetor e cheio de amor. Como pai e marido, me vi caindo nos mesmos padrões de isolamento, raiva, irritabilidade e excesso de trabalho que observara em meu pai e jurara nunca repetir. Fiquei frustrado e com raiva de mim mesmo por estar fracassando no cumprimento do compromisso mais importante da minha vida. Arrumei minhas malas em mais de uma ocasião, convencido de que não era feito da matéria necessária ao casamento. Por algum motivo, nunca fui embora. No processo de agüentar aquilo tudo, fui desenvolvendo a força, a paciência, o amor e o comprometimento que o casamento requer. Mas eu simplesmente não entendia. O entendimento se deu com o tempo, e foi um processo lento, gradual e muitas vezes frustrante. O que não conseguia enxergar aos 25 anos é que era normal eu ainda estar "verde", e que se me esforçasse e fizesse a minha parte, a experiência em si por fim me faria crescer. E assim foi.

É igualmente possível errar por esperar demais para se comprometer em um relacionamento quanto por mergulhar nele cedo demais. O que muitas vezes é visto como fobia de compromisso pode ser, na realidade, mais uma questão de querer esperar até termos maturidade e força suficientes para ser o tipo de companheiro que queremos ser. Mas essa abordagem é algo semelhante à idéia de tentar aprender a andar de bicicleta antes de montar nela. A técnica só é desenvolvida na prática. Infelizmente, isso significa que não poderemos evitar os tombos que são inevitáveis nos primeiros estágios do processo de aprendizagem. Aqueles que não estão dispostos a arriscar a queda não aprendem a andar. Não há quantidade suficiente de preparação, workshops, terapia, livros ou fitas de auto-ajuda que possa prevenir os danos necessários para o desenvolvimento da capacidade de amar. Não nos tornamos um companheiro amoroso antes do casamento. Levamos nosso ser inacabado e imaturo para o casamento e terminamos o trabalho *in loco*. Se você esperar até estar pronto, nunca estará.

70

A privacidade não fará mal ao seu casamento, mas os segredos sim

Flo tinha seu próprio negócio. Ela não conseguia obter um financiamento devido a dívidas contraídas no casamento anterior. Ocasionalmente, seu marido, Monte, permitia que ela usasse o cartão de crédito dele, mas quando seu negócio sofreu uma queda econômica, ela utilizou-o várias vezes sem que ele soubesse e assim criou uma conta enorme. Flo esperava que o empreendimento começasse a render lucros em breve, para pagar a conta sem que Monte descobrisse nada. Todos os meses ela interceptava os avisos da firma do cartão de crédito sem que Monte visse. Mas as coisas não ocorreram conforme planejado e um dia, após quatro meses, Monte recebeu um telefonema do banco sobre sua conta. Quando recebeu a notícia Monte ficou irado. Tinha havido alguns incidentes no passado em que Flo lhe ocultara informações relativas a dinheiro. Dessa vez, porém, foi a gota d'água. "Você mentiu para mim de novo", gritou Monte quando descobriu. "Simplesmente não posso confiar em você!" Monte não estava interessado nas tentativas de Flo de justificar seus atos, ele já havia se decidido. Eles nunca mais conseguiram reconstruir a confiança perdida.

O problema não era Flo deixar de revelar os detalhes do seu negócio para Monte. Ela nunca tinha feito isso, e ele não esperava que o fizesse. Ela tivera épocas difíceis em seu negócio antes, e ele nunca precisou nem quis ouvir todos os detalhes dos desafios profissionais dela. O negócio dela era negócio dela, e os pormenores da sua situação de trabalho eram particulares. O que ocorreu de diferente dessa vez foi que ela deliberadamente bloqueou informações para se proteger. Suas ações foram motivadas pelo desejo de esconder a verdade de Monte.

Segredos são informações que retemos deliberadamente, de forma a permitir que os outros acreditem em algo que não é verdade. Embora possamos dizer que estamos fazendo isso pelo bem dos outros, em geral nossa motivação é a de nos proteger das reações deles. Esconder a verdade, independentemente da motivação, é como manter aceso o fogo que queima lentamente a confiança que mantém a união da relação.

O desejo de privacidade é diferente de manter segredos. Ele vem da intenção de estabelecer limites entre o nosso espaço individual e o compartilhado. A privacidade é necessária para promover o tipo de separação determinada para desenvolver nosso sentido de individualidade. Usada com esse propósito, a privacidade pode nos incentivar a levar mais de nós mesmos para todos os nossos relacionamentos, porque nos ajuda a fortalecer quem somos de verdade. A privacidade expande, os segredos contraem. Existe uma confiança muito profunda quando sabemos que nada de relevante ou importante será ocultado em uma relação. Essa confiança constitui a base dos grandes casamentos.

71

*Possessividade e ciúme
são frutos do medo,
não do amor*

LINDA: No início do nosso casamento, me consumia com sentimentos de ciúme e posse. Eu tinha acessos recorrentes de insegurança e vivia um medo constante de perder Charlie para outra pessoa. Esse medo me levava a tentar controlá-lo. Meus esforços, porém, faziam com que ele se afastasse cada vez mais, me deixando num ciclo vicioso. Quanto mais eu tentava fazer com que ele me assegurasse, mais ele se retraía. Eu tinha ciúme dos seus amigos e me sentia ameaçada por seus contatos com os colegas de trabalho. Sentia-me competindo com os livros, aos quais ele dedicava tanto tempo, com seu violão e até mesmo com sua motocicleta. Eu os via como coisas que o tiravam de mim. Seu foco estava em sua própria vida, enquanto o meu era em nossa vida conjunta. Quanto mais eu tentava ser "nós", mais "eu" ele parecia se tornar.

Por fim, percebi que eu precisava fazer alguma coisa em relação ao meu ciúme, ou perderia minha sanidade e meu casamento. Sabia que era possessiva devido às mesmas inseguranças que me afligiam desde a infância. Minhas tentativas de conseguir obter segurança através de Charlie não ajudavam, nem quando a alcançava me sentia satisfeita, porque ela não era dada de forma espontânea. As raízes do meu ciúme eram medo — medo de perda, medo de solidão, medo de ser inútil, medo de não ser amada, medo de desamparo, medo de não ser boa o suficiente... a lista era grande.

Embora tenha sido muito desconfortável ter consciência de tudo isso, havia algo de libertador em finalmente enxergar minha parte nisso. Vi que não podia controlar Charlie, mas podia controlar minha maneira de reagir ao meu medo e insegurança. Aprendi a ter compaixão de mim e paciência comigo mesma, e a me dar a atenção amorosa que estava tentando obter dele. Lembrava a mim mesma que já superara algumas dificuldades e perdas antes, que eu era uma sobrevivente e que poderia sê-lo de novo, caso fosse necessário. Aos poucos, fui me tornando uma mulher mais autoconfiante, e encontrei em mim a força que estava procurando em Charlie. Simultaneamente, ele começou a me dar mais atenção, conforme fui parando de tentar extraí-la dele.

Ainda tenho ataques de ciúme, mas com menor freqüência e pouca duração. Na maioria das vezes lido com eles sozinha, sem ter que falar nada com Charlie. Ele geralmente nem os percebe. Já não reajo abertamente ao medo como antes, fazendo exigências e pedindo a atenção dele. Às vezes, parece um milagre, mas sei que foram meu esforço, paciência e persistência os fatores verdadeiros no meu processo de transformação e crescimento.

72

*Encarar seus medos
aumenta sua força,
evitá-los a diminui*

Quanto mais evitamos os desafios, mais medrosos ficamos. O problema nisso é que as questões subjacentes nunca são resolvidas. O medo só aumenta quando é alimentado. Sempre que encontramos uma situação difícil, há a possibilidade de aprofundar nosso medo evitando-a, ou de diminuí-lo encarando o que o motiva. Os resultados das nossas atitudes podem ser menos importantes do que o fato de enfrentarmos ou não a situação. O maior fracasso é o fracasso em encarar a verdade.

Rita e Mimi eram um casal de lésbicas. As duas viviam evitando tudo. Nenhuma delas agüentava falar de questões que pudessem perturbar. Rita cresceu em uma família caótica, onde os conflitos quase sempre levavam à violência física ou emocional. Na maioria das vezes, era ela a vítima da violência. Ela aprendeu a se defender ficando de boca calada e concordando com o que achava que esperavam dela. Mimi cresceu em uma família onde todos falavam baixinho. Um dia Mimi disse: "Minha família era tão silenciosa que, se comparada a um necrotério, este pareceria uma balbúrdia." Além de nunca ter visto os pais brigando, nunca presenciou sequer um desentendimento. Se discutiam, deviam fazê-lo em particular. Ela cresceu acreditando que as discussões eram erradas e assustadoras. Concluiu que discussões deviam ser perigosas, já que seus pais faziam de tudo para não brigar, até mesmo beber copiosamente e viver deprimidos.

Contudo, não era o passado que estava destruindo o relacionamento de Mimi e Rita, mas a realidade presente da conspiração compartilhada de evitar a expressão de seus sentimentos. De tempos em tempos, Rita e Mimi sentiam as mágoas, decepções, frustrações e aflições normais de todos os casais. O problema era que nenhuma das duas reconhecia seus sentimentos. Quanto mais se calavam, mais medo sentiam. Isso só criava mais mágoas. Com o decorrer do tempo, o relacionamento das duas tornou-se um mar de ressentimentos. Quando finalmente sentiram que não tinham nada a perder, vieram para o aconselhamento matrimonial, querendo descobrir se ainda havia alguma coisa a ser salva.

Juntas começaram a trabalhar na tortuosa tarefa de dissolver os padrões de negação e anulação presentes em suas famílias há várias gerações. Elas lutaram contra seus medos de conflito, assim como contra os medos de seus pais, avós e outros que haviam passado esse padrão para seus descendentes. Não fosse o desejo de ambas de não passar esse padrão para sua única filha, elas provavelmente não teriam tido motivação para aceitar esse grande desafio. O amor que sentiam pela menina incitou-as a encontrar coragem para falar abertamente uma com a outra. Inicialmente, suas conversas tinham um alto nível de ansiedade. Tanto Mimi quanto Rita tinham certeza de que violar as regras veladas de negação de suas famílias resultaria em sofrimento insuportável e punição. Gradualmente, viram o oposto ocorrer. A cada encontro, ambas ficavam menos temerosas e mais corajosas.

Coragem não é ausência de medo; é a disposição para agir face ao medo devido a um compromisso mais profundo. Rita e Mimi tinham esse compromisso. Embora ele tenha nascido do amor que tinham pela filha, com o tempo enraizou-se no amor que sentiam por si e uma pela outra. Sua disposição de encarar seus medos libertou-as do domínio paralisante do passado.

73

*Ser autêntico é
contagiante e vicia*

Ashley e Dylan haviam se apaixonado recentemente. Um dia, fazendo uma caminhada nas montanhas, chegaram a uma cachoeira e a um lago de neve derretida. "Vamos nadar", sugeriu Dylan impulsivamente. "Tá maluco?", pensou Ashley. Mas ela queria tanto impressioná-lo com seu lado aventureiro que tirou toda a roupa e mergulhou de cabeça na água. O frio do gelo entrou como uma faca em seu corpo, mas ela encobriu a dor com um sorriso congelado no rosto. Ela até ficou boiando um pouco para dar a impressão de que estava gostando da experiência. Na realidade, seus membros estavam ficando dormentes devido aos primeiros estágios de hipotermia. Dylan ficou olhando impressionado. Ele começou a tirar a roupa e colocou a ponta do pé na água. "Está fria demais pra mim. Não vou entrar, não", disse ele. Ashley ficou chocada. Saiu da água rapidamente, sentindo raiva dele e ao mesmo tempo apreciando-o por estar disposto a ser verdadeiro. A honestidade de Dylan ressaltou seu desejo escuso de agradá-lo, e ela se sentiu tola e envergonhada do seu falso heroísmo.

Ashley aprendeu uma lição importante naquele dia. Conscientizou-se de que em muitas ocasiões havia escolhido dissimular quem realmente era. Após essa experiência marcante, ela passou a escolher de modo diferente. Percebeu que, em muitas ocasiões, tendia a não ser autêntica, e através de sua auto-observação viu que estava abrindo mão de si mesma para ser aceita pelos outros. Sua diretriz então passou a ser: "Seja você mesma. Não finja ser diferente do que é." Aquela experiência única ensinou-lhe que estar seguro de si permite que você seja quem você realmente é, sem ter que provar nada. Ser autêntico costuma inspirar os outros a serem verdadeiros também.

74

Não diga nada sobre *seu
parceiro que você não esteja disposto
a dizer diretamente* para *ele*

Jenna sentia que estava fazendo a maior parte do trabalho da casa, e que Clayton tinha a expectativa de ser mimado. Ela estava com raiva por ele passar tanto tempo com os amigos, jogando bola, assistindo jogos e simplesmente batendo papo. Sentia que Clayton não tomava decisões com ela, que geralmente decidia as coisas sozinho. Mas ela temia falar sobre essas questões diretamente com ele. Jenna ficava horas reclamando de Clayton para suas amigas. As amigas a apoiavam e contavam histórias que reafirmavam a crença comum de que todas eram vítimas de companheiros egoístas, imaturos e insensíveis. "Eles querem tudo do jeito deles. Os homens são tão egoístas. Eles têm egos enormes, só pensam em si. Parecem menininhos. Eles nem se tocam." Esse tipo de comentário era banal em suas conversas privadas. Em nenhum momento, uma das amigas oferecia seu apoio de forma responsável, dizendo algo do tipo: "Acho que você devia falar sobre isso com Clayton e esclarecer tudo." O dito apoio mantinha seu casamento emperrado.

A cunhada de Jenna participou de uma dessas reuniões de reclamações. Preocupada com Clayton e Jenna, comentou com o marido sobre os comentários de Jenna em relação a Clayton ser egoísta. O irmão de Clayton ligou para ele e repetiu o que ouvira. "Sua esposa está dizendo que você é um safado egoísta que não liga pra ela. Isso é verdade? Você é assim? O que está acontecendo? Vocês estão tendo problemas?" Assim que se recuperou do choque da notícia, Clayton disse: "Eu achava que estava tudo bem. Estou me esforçando de todas as maneiras para ser um bom marido. Acho melhor ver se tem algo acontecendo sem que eu saiba."

Foi confrontar a esposa imediatamente. Ele estava mais surpreso e magoado do que com raiva. "O que é isso que acabo de ouvir? Você anda falando mal de mim para suas amigas? Dizendo que sou péssimo marido? É isso que você pensa de mim? Você acha que sou uma porcaria de marido egoísta?" Quando ele a confrontou, ela percebeu o quanto estava magoado. Ela não negou as acusações que ele fez. Ela se sentiu covarde por ter espalhado seus julgamentos exagerados sobre ele. Mas não ficou na defensiva. Em um instante, Jenna percebeu que vinha desempenhando o mesmo padrão que assistira em sua família enquanto crescia. Sua mãe, por várias vezes, disse a ela e a quem mais estivesse ouvindo que o marido era uma grande decepção. Jenna se lembrou de como se sentia mal ouvindo a mãe menosprezando seu pai. Lembrou-se de como desejara, desesperadamente, que os dois conversassem para resolver seus problemas, sem compartilhá-los com ela. Na época, não passava de uma garotinha e não podia resolver os problemas dos adultos.

Ela contou a verdade para Clayton. "Estou me sentindo muito mal. Sinto muita culpa por ter falado por trás das suas costas. Não tenho sido justa. Espero que um dia você me desculpe por ter falado mal de você. Vou quebrar esse antigo padrão. Você vai ver." E, mantendo sua palavra, sempre que se via tentada a falar com as amigas de forma derrogatória sobre ele, escolhia falar diretamente com ele na primeira oportunidade. Ela criou coragem para falar abertamente. Disse como se sentia explorada, estando encarregada de todo o trabalho da casa, e que eles tinham que chegar a um acordo sobre fazer compras, cozinhar, lavar a louça, passar o aspirador de pó e lavar a roupa. Ela falou honestamente sobre sua necessidade de sentir que era tão importante para ele quanto seus amigos homens. Quando fazia contato com o próprio medo e resistência, percebia sua tendência a voltar ao hábito de reclamar. Mas ela não estava disposta a repetir o passado e se acomodar em um casamento desastroso como o vivido por seus pais.

Foram necessárias várias conversas para estabelecer novos hábitos. A maior parte dos dilemas complicados foi resolvida. Embora algumas das discussões fossem quentes e difíceis, ao menos Jenna parou de se sentir dissimulada. Com o passar do tempo, já não havia tabus e conversavam sobre tudo. Hoje em dia, nenhum dos dois agüenta conter sentimentos fortes em relação ao outro, sejam bons ou maus, nem mesmo por pouco tempo, e sempre falam diretamente um com o outro quando há algo a ser dito.

Quando Jenna parou de reclamar para as amigas, elas também passaram a reclamar menos. Talvez elas também tenham entendido a lição.

75

*Sua maior fraqueza
pode se transformar
em sua maior força*

LINDA: Por muitos anos, uma das minhas maiores fraquezas era a tendência de sempre me ver como vítima. Um pouco antes de o meu filho mais novo entrar para a escola, eu queria muito fazer algo importante profissionalmente. Eu havia colocado minha carreira na espera por vários anos e sentia-me como um cavalo de corrida, esperando que o portão se abrisse, explodindo de vontade de ser libertada. Ao mesmo tempo, porém, tinha medo de dar início a essa grande mudança. A tensão interna que sentia se expressava externamente em forma de conflitos com Charlie. Sentindo-me como mártir, que sofria há muito tempo, eu o acusava de estar me impedindo de levar o tipo de vida que eu almejava. Ele estava totalmente envolvido com sua carreira, e eu sentia que as crianças precisavam da presença de pelo menos um dos pais. Minha postura era razoável, mas eu exagerava. Estava criando um estado de profunda amargura para mim mesma, achando que não estava recebendo o tipo de apoio que precisava para dar o próximo passo. Quando pude me afastar da situação e olhá-la com mais honestidade, vi o medo que sentia de ir adiante. Eu não tinha certeza se seria capaz de ter sucesso profissional. Tinha medo de as crianças sofrerem com minha ausência, e me preocupava de não sobrar tempo para nós, Charlie e eu. Com o tempo, essas perspectivas mudaram e percebi que Charlie não era meu inimigo. Meus verdadeiros inimigos eram as dúvidas, a confusão e os medos internos que eu ainda não havia resolvido.

Tive que aprender essa mesma lição várias vezes. Quando me sinto tentada a apontar meu dedo culpando alguém, lembro a mim mesma que esse padrão de pensamento e comportamento já me causou dor emocional, e lembro da minha motivação para fortalecer esse ponto fraco. Ainda ouço a voz interna dizendo coisas do tipo "Ele é o problema", mas já não permito que essas palavras saiam voando da minha boca. Sei que preciso descobrir o que está realmente acontecendo dentro de mim. Quando descubro, geralmente percebo que estou evitando alguma responsabilidade pessoal. A seguir pergunto a mim mesma como posso ser responsável, em vez de continuar a projetar culpa nos outros. Minha recuperação do padrão de vítima tem contribuído para o desenvolvimento de uma força interior que tem afetado todos os aspectos da minha vida. A pequena gratificação de me sentir como vítima é fraca em comparação à sensação de autovalor e autorrespeito provenientes do meu amadurecimento.

76

*De todos os benefícios do casamento, o maior
deles é a possibilidade de usar esse relacionamento
para se tornar uma pessoa mais amorosa*

Jack Kornfield escreveu: "No final da vida, nossas perguntas são muito simples: Vivi plenamente? Amei bem?"* O casamento é um campo de treinamento perfeito para o coração. Abençoados por aprendermos a amar verdadeiramente alguém, nos tornamos mais capazes de expressar e receber amor de todas as pessoas, de toda a vida, de todo o universo, de tudo que *existe*.

Quanto mais vemos as maravilhas que o casamento nos oferece, mais podemos permitir que ele nos faça crescer e nos abra de modo mais profundo e total. E quanto mais abrimos nossos corações e mentes e experimentamos ligações profundas com outro ser, mais fácil se torna resistir às tentações passageiras e distrativas. Os desejos de estar certo, de dar boa impressão, de acumular coisas, de estar no controle, de receber elogios, reconhecimento e segurança externa perdem seu poder sobre nós e com o tempo somem. Na realidade, não precisamos de muita autodisciplina para quebrar nossos padrões compulsivos. Precisamos, sim, de nos concentrar na criação de algo que é muito *mais* atraente: viver aman-

---
* Jack Kornfield, *A Grateful Heart*, ed. M. J. Ryan. Berkeley: Conari Press, 1994.

do, de coração aberto. Aí os desejos de competição perdem seu fascínio. Por exemplo, quando brigamos por poder com nosso parceiro e às vezes "ganhamos", sentimos o vazio da vitória, e depois já não despendemos tanta energia nisso. Quando duas pessoas compartilham o compromisso de fazer de seu casamento um veículo para a transformação interna, eles se descartam dos seus velhos e pequenos hábitos naturalmente, assim como uma cobra se descarta da pele velha e ressecada. E assim recebemos o melhor presente do casamento: a oportunidade de aumentar nossa capacidade de experimentar alegria, gratidão e plenitude e de nos tornarmos um ser humano apto a amar profundamente.

77

*Se seu parceiro acha
que algo é importante,
então é!*

CHARLIE: "Você está criando uma tempestade num copo d'água!" é uma frase que tem ocasionado sérios danos a inumeráveis relacionamentos, inclusive o nosso. Essa costumava ser minha resposta padrão a qualquer preocupação de Linda que eu não levasse tão a sério quanto ela. Embora eu geralmente insistisse que só estava tentando ajudá-la a enxergar a situação por um novo ângulo, isso não parecia apaziguá-la. Talvez porque a mensagem implícita nessa frase seja: "Eu sei mais do que você sobre o que é realmente importante e, se você não acredita, posso lhe explicar por que você está errada." Minha insistência em que "Eu só estava tentando ajudar" e que ela era ingrata só piorava as coisas. Inevitavelmente, ambos acabávamos nos sentindo mal compreendidos e desconsiderados. Esse padrão durou vários anos e era fonte de enorme frustração. Em vez de se sentir apoiada por mim, Linda muitas vezes sentia-se criticada e julgada por minhas palavras.

A verdade era que eu estava frustrado comigo mesmo. Eu não gostava de ver Linda chateada ou magoada. Sentia-me inadequado e incapaz quando achava que não podia fazer nada para ela se sentir melhor. Tentar fazer com que ela não desse importância aos seus sentimentos era minha maneira de evitar o que estava acontecendo dentro de mim. Minha verdadeira intenção tinha pouco a ver com ajudar Linda; na realidade, eu estava tentando me sentir menos desconfortável. Apesar de eu insistir no contrário, Linda percebia minha verdadeira motivação, e era a isso que ela reagia.

Quando finalmente conseguimos chegar ao âmago do que estava acontecendo com cada um de nós, pudemos quebrar esse padrão, e só então comecei a ouvi-la com profundidade. Era só isso que ela queria de mim: apenas que eu a escutasse, e não tentasse mudar o que ela estava sentindo.

Agora sei que, se eu não perceber por que algo é tão importante para Linda, o problema não é dela. Sei que ela só precisa que eu a escute, e não que resolva as coisas para ela. Quando acredito que é minha função assegurar a constante felicidade de Linda, é menos provável que eu fique aberto a escutar seus problemas e reclamações. Lembrar-me de que a felicidade de Linda não é responsabilidade minha facilita muito escutar suas preocupações. Que alívio saber que, mesmo não podendo mudar a situação que a está incomodando, sempre poderei lhe dar o que ela mais precisa no momento: minha atenção total e amorosa.

78

*Os casamentos não perdem
a necessidade do romance*

Um dos maiores riscos do casamento é a tendência de a vida diária se tornar maçante, tomando o lugar do propósito mais profundo do relacionamento. Não há como negar a necessidade de gerenciar as responsabilidades materiais e financeiras de uma família. O desafio é manter essas questões em seu lugar, de forma que não nos pesem tanto, a ponto de abafar a voz que reflete nossas necessidades e anseios mais profundos. Uma das maneiras de manter o tipo de perspectiva que nutre nosso coração, assim como nosso lar, é manter o romance vivo.

Romance é mais do que luz de velas e flores, é uma qualidade de atenção e sentimento que damos ao outro, afirmando nosso amor e gratidão. É a criação de um ambiente que nutre e apóia os desejos mais profundos do nosso coração. Como o Sabá, que deve ser observado como repouso das obrigações diárias e uma forma de reabastecimento espiritual, o romance é uma maneira de honrar o espaço sagrado do nosso amor mútuo. O romance é um estado de espírito, em que focalizamos nossa atenção amorosa um no outro, de maneira a interromper as rotinas diárias que geralmente ameaçam abafar a chama da paixão do nosso amor.

É muito fácil cair no papel de colega de quarto, amigo, parceiro de trabalho e de um dos pais. Esquecemos de ser amantes, ou então o relegamos a tão baixa prioridade que todas as outras coisas têm precedência. Nós paramos de sair juntos. Falhamos em nutrir a ligação doce que antes nos consumia em deleite e paixão. Nós não nos desapaixonamos, apenas permitimos que nosso amor se atrofie por não cuidarmos dele adequadamente. Esquecemos que nosso amor, como todos os organismos vivos, requer nutrição e manutenção permanentes. Manter o romance vivo, nas diferentes formas que escolhermos, é o antídoto ao mal-estar que aflige um grande número de casamentos.

Tão importante quanto o romance em si é a nossa motivação. Se agirmos por dever, o romance se torna mais uma obrigação a ser cumprida. Qualquer atitude tomada por obrigação em primeira instância tenderá a promover mais ressentimento do que satisfação. As sementes do romance podem ser nutridas nesses momentos em que sentimos amor ou gratidão por nosso parceiro. Podemos converter esses sentimentos em romance, criando maneiras de honrar, surpreender e deleitar a pessoa que amamos. O romance pode ser uma expressão espontânea de afeto, assim como pode envolver planos que requerem grande preparação.

Algumas pessoas acham que planejar ou agendar momentos de encontros acaba com a sensação excitante do romance. Descobrimos que é possível agendar momentos de encontros amorosos regularmente, sem perder os elementos de espontaneidade, surpresa e deleite. Na realidade, a estrutura costuma melhorar a experiência. Sair juntos para lugares diferentes pode ser uma ótima maneira de reacender o romance, mas nem sempre é necessária uma mudança de cenário. Podemos reorganizar a casa de forma que dê a sensação de um ambiente novo e diferente. Luz de velas, flores, presentes e pequenas surpresas podem contribuir para criar uma experiência mágica e encantadora. Uma das nossas maneiras favoritas de passar a noite não custa nada. Nos revezamos servindo um ao outro. Tomamos banho juntos e lavamos o cabelo um do outro. Escutamos nossas músicas favoritas e alimentamos um ao outro bem devagar. Sentamos bem pertinho e fazemos contatos físicos freqüentes. Olhamos nos olhos um do outro e nos damos nomes de bichinhos. Após o jantar, às vezes dançamos juntos. Massagem costuma fazer parte do nosso romance. Temos uma mesa de massagem e usamos óleos aromáticos.

A maneira de falarmos e os assuntos que abordamos são de extrema importância. Nossas conversas são sempre sinceras, íntimas e cheias de sentimentos do coração. Conversar sobre trabalho, dinheiro e responsabilidade está fora de questão. Nosso foco é sobre aquilo de que gostamos e apreciamos no outro. Todas essas trocas emocionais são o prato principal. Sexo costuma ser a sobremesa, mas não necessariamente.

Há uma infinidade de meios variados que podemos usar para trazer mais romance e alegria à relação. Inventá-los juntos faz parte da diversão. Se no início essa prática lhe parecer estranha ou desconfortável, tente assim mesmo. Com o tempo, vai ficar mais fácil e natural. Você vai acabar se perguntando como pôde ser tão negligente antes, e levar mais romance ao seu casamento se tornará uma das experiências mais prazerosas e fáceis de sua vida. Desfrute!

79

*O brilho de uma nova
relação é sempre
temporário*

Josh e Ginger eram casados havia 11 anos e tinham dois filhos, com sete e nove anos. Josh normalmente desempenhava o papel do mártir que sempre se sacrificava e vivia amargando seu ressentimento. Ele se sentia obrigado a assumir as responsabilidades pesadas e negava a si mesmo o que antes lhe trazia prazer. Internamente, ele culpava Ginger por sua infelicidade, o que a fazia sentir seu julgamento frio e sua rejeição.

Ginger também estava presa às suas responsabilidades de mãe e dona-de-casa, e ainda trabalhava fora em meio expediente. Ela não nutria o mesmo forte sentimento de sacrifício que Josh porque continuara a satisfazer a maior parte de suas necessidades mesmo depois de casada. Havia um profundo sentimento de mal-estar na relação deles, embora nenhum dos dois estivesse disposto a reconhecê-lo abertamente. Parecia mais fácil continuar como estavam. Um dia, ocorreu o inevitável. Josh conheceu Robyn, uma mulher jovem, bonita e solteira, que não tinha as incumbências das responsabilidades adultas. A atração era grande. Eles iniciaram um relacionamento secreto, que durou quase um ano, até Josh finalmente dizer a Ginger que queria se separar.

Ginger ficou enfurecida e arrasada. Apesar dos seus sentimentos, não quis abrir mão do casamento sem lutar. Tentou apelar a Josh, mas ele estava decidido. Ele queria ir embora. Pela primeira vez em anos, disse ele, sentia-se feliz com sua vida e não apenas um pagador de contas. Ele não podia arriscar a perda dessa pessoa que o havia ressuscitado dos mortos. Ele não iria sacrificar sua vida por um casamento estagnado e insatisfatório.

Quando ficou claro para Ginger que Josh estava fechado à idéia de manter o casamento, ela sofreu profundamente. Com esforço e ajuda de um bom conselheiro, ela conseguiu aceitar a perda e começar a estabelecer uma vida nova para si. O divórcio foi oficializado dez meses mais tarde. Pouco tempo depois, Josh e Robyn começaram a ter dificuldades que quebraram sua relação idílica. Morar juntos era muito mais difícil do que manter uma relação secreta. Algumas das mesmas questões e sentimentos de obrigação que Josh sentira com Ginger começaram a surgir em seu novo relacionamento.

Nesse caso, foi Robyn quem foi embora, recusando-se a reconsiderar. Aos olhos de Josh, ela deixara de ser a jovem prazerosa que o havia liberto de sua vida tediosa. Na realidade, ela começara a ficar muito parecida com Ginger. Dessa vez, foi Josh quem foi rejeitado. Aconteceu muito rápido. Segundo ele: "Num minuto estávamos vivendo juntos, no próximo ela havia partido!"

Na realidade, nenhuma dessas pessoas havia mudado, mas, com a mudança das circunstâncias, diferentes partes de cada um deles começaram a aflorar. Josh viveu lições dolorosas nos dois anos seguintes à separação de Robyn. Na maior parte do tempo, não quis se envolver com nenhuma mulher. Aos poucos, foi se recuperando de suas feridas e perdoando seus erros. "Confiar em mim de novo vai levar algum tempo", disse ele.

80

*Há violência no silêncio
quando ele é usado
como uma arma*

O silêncio pode ser tão cortante quanto nossas palavras. Há vários tipos de silêncio, cada um tem uma natureza distinta, uma qualidade diferente. O silêncio pode ser contemplativo e pensativo. Pode ser uma expressão de fadiga ou exaustão. Pode ser a pausa entre interações, quando ordenamos nossos pensamentos. Pode ser um espaço vazio ou um espaço de ansiedade e aflição retidas. O que define e determina a qualidade do silêncio é a intenção que está por trás dele. Nosso silêncio pode ter a intenção de punir ou de amar, de refletir ou de guardar, de ouvir ou de criticar, de abrir ou de fechar, de desculpar ou de vingar-se. Ele pode ser para compreender, para ouvir, para aprender, ou pode ser para punir ou infligir dor no outro.

Carole era uma "pessoa de compromisso", que ficava mais feliz quando estava próxima ao marido Al. Contudo, ele nem sempre se sentia da mesma forma. Ele não queria ficar juntinho tanto quanto Carole, mas tinha dificuldade em reconhecer isso e então se deixava ficar com ela, mas de má vontade. Ela acabava se sentindo frustrada e ele cozinhando seu ressentimento e raiva em silêncio. O silêncio de Al era uma vingança para punir Carole, que

"Está sempre pedindo demais de mim". Internamente, ele acusava Carole porque ela parece que "Nunca está satisfeita, não importa o quanto eu lhe dê".

Com raiva, Al fechava a boca e o coração. Seu silêncio raivoso tinha uma qualidade violenta que magoava Carole, tal como palavras e atitudes raivosas o teriam feito. Secretamente, ele ficava contente com a frustração e com a dificuldade dela em se conectar a ele. No final, Al pagou alto preço por não querer lidar com seus sentimentos de forma mais honesta. As frustrações e ressentimentos acumulados acabaram por custar-lhes o casamento.

A lição de Carole foi aprender que sua estratégia para conseguir intimidade não funcionava. Em vez de tentar coagir as pessoas a se abrirem para ela, aprendeu que precisava dar aos outros o que queria para si: uma comunicação responsável e respeitosa. Isso significava expressar seus sentimentos — de solidão, ansiedade, frustração, tristeza —, esforçando-se para entender os sentimentos dos outros, em vez de coagi-los a modificar seu comportamento. Essa não era uma tarefa fácil, mas ela sabia que com o tempo levaria à intimidade que estava buscando.

O tratamento de silêncio pode ser tão traumático quanto palavras agressivas. Quando o silêncio é usado para punir ou se vingar, pode mexer com os medos mais profundos de abandono do nosso parceiro e ocasionar-lhe enorme sofrimento. Por outro lado, podemos usar o silêncio para pausa e reflexão, de forma a responder melhor. No final, é nossa intenção subjacente que determina se nosso silêncio é benéfico ou destrutivo.

81

*Há diferença entre
sexo e intimidade*

Há desejo sexual e desejo por intimidade, e as pessoas costumam confundir os dois. Se uma pessoa está buscando intimidade e a outra buscando sexo, as duas acabam se desentendendo. Se dois companheiros não têm a mesma intenção, um deles provavelmente se sentirá insatisfeito e usado no final.

Sempre que Chad tinha o desejo de se conectar com Laura, ele o expressava sexualmente, e muitas vezes acabava sentindo-se insatisfeito. Embora seus desejos físicos fossem satisfeitos, o prazer durava pouco. Às vezes, seu desejo sexual retornava em poucas horas. Ele então ficava mais exigente, compulsivo e necessitado porque seu verdadeiro anseio não estava sendo reconhecido e atendido.

Quando esse padrão não é interrompido, pode se tornar um vício sexual. Existe um ditado: "Você nunca conseguirá receber o suficiente daquilo que você não quer." Nesse caso, o que estava faltando não era sexo, era intimidade, conexão emocional profunda. Mas a conexão autêntica requer uma abertura genuína que nos permita ser verdadeiramente vistos e conhecidos. Essa possibilidade pode assustar àqueles que sentem desconforto com sua vulnerabilidade emocional.

É possível agir sexualmente sem estar vulnerável. O sexo cria proximidade física, mas não necessariamente conexão emocional. O problema é que quanto mais alimentamos a compulsão sexual de alguém, atendendo-o sexualmente, mais viciado e exigente ele fica. É como dar bebida a um alcoólatra. A indulgência inflama mais ainda o desejo.

Para suas amigas, Laura era vítima de um marido sexualmente insaciável. "Ele nunca fica satisfeito. Me procura de manhã e de noite. Tenho sorte se escapar um dia da semana", reclamava ela. A tendência de Laura era ceder às exigências de Chad, sem colocar seus limites. O sexo inflamava o desejo de Chad, porque não era satisfatório. Ele queria que Laura o desejasse, mas se acomodava em ter seu corpo, que ela emprestava de má vontade. Por nunca se sentir desejado por ela, seu desejo nunca diminuía. Chad aceitava um sexo vazio, quando na realidade queria uma conexão profunda. Para os amigos, Laura podia parecer uma vítima, mas era ela quem estava com o poder. Era ela que tinha o poder de escolher satisfazer ou não os desejos de Chad. Só quando cada um deles pôde identificar e comunicar seus anseios e medos mais profundos, conseguiram pôr fim a essa insatisfação.

Descortinar e expressar as necessidades profundas que estão por trás do desejo sexual nos permite combinar as experiências de sexo e intimidade, de forma que satisfaça nossos corações e almas, assim como nossos corpos físicos. Tal combinação é possível para todos os casais dispostos a fazer da experiência de sua conexão sua maior prioridade.

82

*É melhor se concentrar no que você pode fazer
para consertar uma situação do que naquilo
que seu parceiro fez para estragá-la*

É sempre mais fácil ver a participação do outro no problema do que a sua. Quando estamos brigando, é comum nos sentirmos vítimas do que consideramos ser a insensibilidade, o egoísmo e a carência do nosso parceiro. Às vezes, nos sentimos tão inundados com nossos sentimentos que nem conseguimos pensar direito. Pode demorar um pouco até nos acalmarmos. Quando começamos a recuperar nossos processos de pensamento racional, podemos procurar perceber como contribuímos para aquilo e dar início ao processo reparatório.

Janet e Marty se revezavam em cuidar do jantar. Marty adorava a idéia de cozinhar em equipe e não queria ficar na cozinha preparando o jantar sozinho, mas Janet achava Marty muito controlador e mandão quando ele era o mestre-cuca, e ficava ressentida com as constantes exigências dele. Em retaliação, acusava-o de ser péssimo administrador, incapaz de delegar-lhe uma tarefa e deixá-la cumpri-la do seu jeito. A tensão era tão alta que deliciosas refeições perdiam o sabor. Frustrada e ressentida, Janet começou a sair da cozinha nas noites em que Marty cozinhava, para evitar as disputas de poder que sempre surgiam quando ela tentava ajudar.

Janet tinha razão sobre as várias maneiras com que Marty contribuía para o problema. Quando ela tentava expressar suas inquietações, ele ficava na defensiva e recusava-se a ouvir. Ela tinha razão quanto a ele ser perfeccionista e, às vezes, tirano. Ela também tinha razão quanto a ele ser apegado à maneira como ela "devia" fazer a comida. Mas o fato de ela estar certa não ajudava muito a acabar com o impasse. Quanto mais foco Janet dava à parte dele no problema, mais defensivo ele ficava. À sua maneira, ela estava sendo tão implacável, rígida e defensiva quanto ele.

O impasse foi rompido quando ela começou a observar seu papel no conflito. Embora soubesse que Marty estava sendo exageradamente meticuloso e irrazoável, ela se ateve a falar apenas de si mesma, resistindo à tentação de fazê-lo assumir seu mau comportamento. Ela colocou de lado seu desejo de estar certa e disse a Marty que se sentia como uma garotinha má levando bronca do pai quando ele expressava seus julgamentos e desaprovação tão veementemente. Em vez de tentar fazê-lo mudar, ela apenas expressou os sentimentos que o comportamento dele despertava nela.

Sua sinceridade e vulnerabilidade o desarmaram. Marty começou a abrir seu coração e não sentiu necessidade de se defender. Em vez de raiva e frustração, ele começou a sentir empatia e compaixão. Suas palavras e tom de voz se suavizaram, e ele concordou em ser mais cuidadoso quanto ao seu jeito mandão na cozinha.

Uma pessoa corajosa pode quebrar o impasse criado pela culpa e pelo julgamento. Estar disposto a ser essa pessoa, em vez de tentar fazer seu parceiro dar esse passo, pode fazer a diferença entre o sofrimento prolongado e a conexão de coração aberto. Às vezes, você pode estar certo *ou* pode ter uma relação.

83

*O fogo da paixão precisa
esfriar para que o amor
maduro possa se desenvolver*

LINDA: Jesse, nosso primeiro filho, tinha três anos quando finalmente me senti pronta a deixá-lo por uma semana para tirar umas férias necessárias, sozinha com Charlie. Dizer que eu tinha sido uma mãe obsessiva, superprotetora, neurótica e dominadora era... bem. uma análise apropriada. Meus pais, que viviam a mais de 700 quilômetros de distância, eram as únicas outras pessoas a quem eu conseguia confiar nosso bebê. Eu não estava totalmente doida, mas quase.

Nosso destino era Martha's Vineyard. Na primeira noite, ficamos em uma pousada que tinha uma banheira antiga. Eu a enchi com a água mais quente que podíamos suportar e nós entramos. Relaxamos por algum tempo, apreciando a privacidade, absortos com o silêncio. Charlie então lavou meu rosto com um sabonete de cheiro doce e uma esponja macia, e eu comecei a chorar. Agora, eu era o bebê, sendo cuidada por alguém que me amava muito. A transição para a vida adulta tinha sido difícil, com nós dois trabalhando, terminando os estudos universitários e tendo um bebê que solicitava mais do que eu queria admitir. Eu estava muito cansada. Sabíamos que nossa lua-de-mel terminara há muito tempo e que os últimos anos nos haviam amadurecido e aprofundado nossa capacidade de amar.

Nosso momento naquela banheira pode parecer uma cena comum, mas foi uma comunhão crucial para Charlie e para mim, um compartilhar de profunda compreensão, apreciação e paz. Naquela banheira, nós apreciamos um ao outro em um momento simples de pura mágica. Eu estava chorando de alegria por ter conseguido chegar àquele momento de coração tão aberto. Tinha havido tantos momentos em que eu não sabia se nosso casamento sobreviveria, e, se sobrevivesse, se teríamos real apreço um pelo outro, ou apenas um acordo de manter a família intacta. Havíamos realmente triunfado, e agora estávamos nos sentando para descansar e aproveitar a liberdade da luta diária. Foi divino!

O amor maduro só ocorre após termos sido temperados como indivíduos, e após a relação ter passado por várias fases de desafios e momentos de grandes demandas. Livres das fantasias irrealistas do amor ingênuo, somos mais capazes de aceitar nosso parceiro e a nós mesmos. Até hoje a experiência na banheira antiga é um dos momentos mais preciosos da minha vida.

84

*Nada arrefece o desejo
sexual mais rápido do que
diferenças não resolvidas*

O fator mais importante para determinar se uma relação sexual vai esfriar até congelar em um impasse não é nossa habilidade ou conhecimento técnico, mas nossa capacidade de manter os sentimentos e a comunicação abertos e livres de diferenças não resolvidas e ressentimentos. Quando os sentimentos negativos, como mágoa, culpa, raiva e frustração, não são considerados e resolvidos com honestidade e compreensão, deterioram a base da relação e ameaçam extinguir o fogo do desejo sexual de um ou de ambos os membros do casal.

Embora os sentimentos em relação ao nosso parceiro possam esfriar como resultado de questões não resolvidas, é provável que o desejo sexual continue vivo para um ou para ambos, mas ele pode ser direcionado a uma terceira pessoa, criando a perigosa possibilidade ou probabilidade de atos extraconjugais. Embora isso possa resolver o "problema sexual" temporariamente, cria outro, o adultério, que é muito mais ameaçador. Permitir que a relação deteriore a tal ponto coloca o casamento em grande perigo.

A questão não é a fidelidade, é a honestidade. Não querer falar a verdade sobre o que sentimos sufoca nossa paixão. A possibilidade de envolvimento com um novo parceiro, com quem não temos história, é muito mais atraente do que sentar com alguém com quem temos dias, meses ou até mesmo anos de diferenças não resolvidas e sentimentos desconsiderados. Reter esses pensamentos e emoções é como carregar um peso enorme que não permite nossa elevação aos ápices de prazer disponíveis aos que estão livres de fardos emocionais.

Há uma razão para geralmente fazermos ótimo sexo após uma boa briga. A expressão de emoções acumuladas é um afrodisíaco porque desbloqueia nossa capacidade de vivenciar e expressar mais intensamente tudo o que sentimos. É claro que isso é uma forma de relação de alto risco. "Brigar para acender a relação" é como brincar com fogo. Já reconhecer nossas inevitáveis diferenças conforme vão surgindo manterá as vias emocionais abertas e promoverá maior riqueza e intensidade sexual. A honestidade emocional cria mais paixão em uma relação do que rosas e chocolates. Pode apostar.

85

*O maior risco é
não arriscar*

LINDA: Na tradição budista há quatro tipos de personalidade: raiva, ganância, ilusão e medo. Sempre fui do tipo medo. Talvez tenha nascido assim, ou talvez isso seja resultado das minhas experiências de infância. Não sei. Sinceramente, a essa altura não me importa. Hoje em dia o *porquê* já não me fascina. Estou mais interessada nas perguntas de *como*. Por exemplo, dado que tenho muito medo a combater, como posso melhor lidar com isso, de forma a não me impedir de fazer o que quero e de levar a vida que quero ter? Como posso continuar arriscando, mesmo estando com medo? Quando exploro estas perguntas, as coisas vão ficando claras para mim.

Sou tímida e lenta. Quando Charlie e eu começamos a namorar, minha timidez não me deixava expressar o que eu realmente queria da nossa relação. Fico arrepiada só de lembrar o quão pouco estava disposta a resolver naquela época. Minha visão era muito limitada. Embora em meu coração quisesse o tipo de casamento aberto e comunicativo que promove uma família feliz, tinha medo de dar início ao processo para chegar lá. Para evitar o conflito que temia tanto, sentia-me tentada a aceitar uma relação previsível, confortável e segura, em vez da relação sincera que realmente queria. Mas, no final, sabia que precisava arriscar passar pela dor e discussões que certamente surgiriam quando eu falasse, tentando melhorar as coisas. Para uma pessoa que estava se recuperando da timidez, esse era um trabalho e tanto!

Nos tempos mais difíceis do nosso casamento, passei momentos em que precisei arriscar a própria relação. Disse a Charlie que havia coisas que eu simplesmente não conseguia aceitar. Não expressei isso como ameaça ou ultimato, apenas como o reconhecimento do que era verdadeiro para mim. Às vezes sentia que estava pulando de um avião sem saber se o pára-quedas ia abrir. Sabia que colocar meus termos assim poderia afastar Charlie de mim, mas não fazer isso seria viver uma mentira.

Corremos o risco de perder nosso casamento mais de uma vez. A cada vez que arriscávamos, eu ficava aterrorizada. Mas cada ato de coragem levava nosso casamento a um estágio mais elevado. Hoje agradeço o que os riscos corridos nos trouxeram. Os resultados são muito maiores do que eu esperava.

86

*Se você acha que terapia
de casal é cara,
experimente o divórcio*

Este é para as pessoas que acham melhor esperar o casamento ficar muito ruim antes de procurar aconselhamento matrimonial. Isso não é uma boa idéia. A hora certa é o quanto antes e não mais tarde. Quanto mais cedo se beneficiar de ajuda, mais barato é o custo em termos de dor e de dinheiro. John Gottman, autor de *Por que os casamentos fracassam ou dão certo,* disse em um workshop que a maioria dos casais que procura aconselhamento matrimonial passa por dificuldades durante seis anos antes de finalmente tomar a iniciativa! Infelizmente, para muitos deles, a essa altura é tarde demais, pois a boa vontade e o interesse que existiam no início da relação já não têm conserto. Só resta declarar a morte do casamento e enterrá-lo de maneira apropriada. Quando perguntados por que esperaram tanto, uma grande porcentagem desses casais alegou que não podia pagar uma terapia e esperava que as coisas melhorassem por si mesmas com o tempo. Esse é o mesmo tipo de pensamento ingênuo que leva as crianças a acharem que se fecharem os olhos ninguém poderá vê-las. Os problemas não desaparecem quando os ignoramos, geralmente pioram. O quanto antes obtivermos a ajuda de que precisamos, mais rápido resolveremos as coisas. Se considerarmos a diferença de custos entre um divórcio litigioso e demorado e um período típico de terapia de casais, não há comparação!

Se você obtiver ajuda cedo, as coisas podem mudar rapidamente. Quanto mais tempo você ficar entrincheirado em padrões pouco produtivos, mais atolado vai ficando e mais tempo será necessário para se libertar. Mais importante ainda, o risco de chegar ao ponto de desistir do casamento aumenta a cada dia de dor não resolvida. Fazer tudo o que você puder para fortalecer seu casamento é sempre o primeiro passo, e muitas vezes é também o último. É igualmente importante reconhecer quando todo seu esforço não for suficiente para curar um colapso. É provável que você tenha chegado a esse ponto se repetidas tentativas de melhorar a situação resultaram sempre em frustração, dor ou ressentimento. Se ficar evidente que todos os seus esforços não estão surtindo efeito, não ande, corra até um bom conselheiro matrimonial!

É claro que não há garantia de que obter aconselhamento irá curar o mal do seu casamento, mas certamente aumentará a possibilidade, principalmente se você puder resolver os problemas em seus primeiros estágios. Não importa quanto custa se livrar dos impasses que ocasionalmente acometem todas as relações, certamente será mais barato em termos de dinheiro, saúde e espírito pagar à vista do que após o colapso final. Receber ajuda quando necessário pode ser a melhor pechincha da sua vida!

87

*O perdão é sua
própria recompensa*

LINDA: Venho de uma família que guarda ressentimentos. Em nossa casa, era comum ouvir frases do tipo "Eu não vou à formatura da filha dele! O pai dele me pediu 200 mil dólares emprestados em 1954 e nunca me pagou. Não quero ter nenhuma ligação com ele" ou "Eu não vou passar as férias em Rockaway Beach porque algum parente insuportável pode estar lá" Alguém sempre deixava de ir àquele casamento, àquele enterro, àquela festa de aniversário ou àquela viagem, devido a alguma discussão ou dívida não paga no passado. Minha infância foi repleta desse tipo de coisa!

Guardar ressentimentos é um comportamento aprendido. Se observarmos as crianças, veremos várias disputas, e quanto mais jovens as crianças, mais rápido se esquecem das brigas. Ressentimento refinado requer anos de treino e prática. Ele não ocorre naturalmente. Ater-me ao desprezo foi uma tendência que levei para meu casamento. Eu não tinha idéia de quanto isso me custava. Guardar mágoas consome tempo e energia, e é difícil de se manter. Eu não percebia que podia optar por perdoar.

Charlie, por outro lado, é diferente. Não é que eu nunca o tenha decepcionado ou cometido erros, fiz isso muitas vezes. Mas o estilo dele é se expressar numa explosão de sentimentos e, depois, acabou. Já a minha tendência é ficar muito tempo sofrendo. A certa altura, nossa relação corria o risco de cair por terra, porque eu estava sobrecarregada de amargura, ressentimento e expectativas frustradas. Charlie não estava disposto a mudar sua posição. Eu é que tinha que achar uma saída para o dilema.

Aprendi a meditação do perdão com Stephen e Ondrea Levine, dois maravilhosos mestres espirituais, e comecei a praticar o desapego. Tive que trabalhar bastante nisso, já que o perdão só é conseguido em estágios e não de uma vez. Como nada inspira mais do que o sucesso, assim que senti as recompensas de perdoar — uma sensação de leveza e liberdade —, me entusiasmei a praticar mais. À medida que meu coração foi se abrindo, passei a desfrutar do pouco tempo que tinha com Charlie, em vez de desperdiçá-lo remoendo a queixa dele ter pouco tempo para mim. O perdão é a ferramenta mais poderosa que encontrei para limpar uma relação intoxicada pelo veneno do ressentimento. Para muitos de nós, é uma das habilidades mais importantes a ser desenvolvida.

88

*A vingança é sua
própria punição*

CHARLIE: Poucas críticas provocam mais defesa do que a acusação de ser "vingativo". Para a maioria, este é um atributo muito desagradável, mais negativo ainda do que ser egoísta, preguiçoso ou controlador. Ser vingativo é propositalmente procurar fazer mal a, ou fazer sofrer, alguém que consideramos ter errado conosco. Não é fácil reconhecer isso, mas estamos sendo vingativos sempre que agredimos em reação à sensação de termos sido magoados. Toda vez que usamos nossas palavras para punir, controlar ou retaliar contra alguém, estamos sendo vingativos. Eu achava que por nunca ter levantado um dedo para machucar Linda eu não era uma pessoa vingativa. Alegrava-me com isso e sentia mesmo certa presunção e superioridade, até perceber que a violência das minhas palavras era tão destrutiva quanto as atitudes físicas que me orgulhava de não ter. Compreendi que meu desejo de que "Linda entendesse", de que "eu tivesse a última palavra" ou de convencê-la de que eu estava certo, na maioria das vezes, eram tentativas e desejos ocultos de puni-la.

Perceber isso foi humilhante e vergonhoso, e me forçou a confrontar essa minha parte sombria e a ver o preço que estava pagando por ser vingativo, por explodir, sempre que me sentia atacado, com medo ou ferido. Agir ou falar com esse impulso sempre me fazia sentir paralisado, desconfiado, de coração fechado e isolado. Não era o comportamento de Linda que me fazia sentir essas coisas, mas minha própria reatividade e modo defensivo. Quanto mais reagia assim, mais me sentia justificado por estar sendo vingativo.

Quando me dei conta de que eu era a causa da minha dor, de que eu era o responsável, meus instintos vingativos perderam sua força. Embora a tendência de explodir verbalmente ainda surja de tempos em tempos, já não sou consumido por ela, não por eu achar que seja errado, mas porque não quero mais infligir esse tipo de dor a mim mesmo. Foi só quando pude verdadeiramente enxergar que era eu, e não Linda, que estava criando meu aprisionamento, pude recuperar o poder de me libertar do inferno para viver a felicidade.

89

Quando dois corações estão conectados, mesmo os grandes problemas têm solução; quando não estão, mesmo as menores dificuldades são insuperáveis

LINDA: Em geral não temos consciência de quão instável é nossa situação na vida. Toda a nossa existência pode mudar em um segundo. Podemos estar inocentemente dirigindo e ter um acidente de carro, ou receber um telefonema informando a morte de um ente muito querido. Podemos ficar doentes repentinamente, ou descobrir alguma verdade que nos fora mantida em segredo, e daquele momento em diante tudo muda em nossa vida.

Foi isso que me ocorreu em 1991, quando recebi o diagnóstico de câncer de mama metastático. Poucos dias após o diagnóstico, eu estava no hospital para ser submetida à retirada do tumor. Logo após, comecei a quimioterapia, seguida pela radiação. Com a quimioterapia, perdi todo o meu cabelo e meu humor ficou totalmente instável devido aos distúrbios hormonais, efeitos colaterais do tratamento. A vida que eu conhecia foi virada de cabeça para baixo. Como "bônus", tive que encarar a morte de frente, pela primeira vez na vida. Não há dúvida de que isso foi uma mudança e tanto.

Mas essa não foi a maior mudança com a qual eu já tinha me confrontado. Acredite ou não, o desafio do câncer foi muito mais fácil, porque não me senti só. O diagnóstico do câncer veio em uma época de grande proximidade entre mim e Charlie. Eu a chamo de nossa "Era Dourada". Já havíamos passado por muitos momentos negros em nosso relacionamento e quase nos divorciamos. Relembrando os motivos de nossas brigas, é difícil imaginar como coisas tão triviais puderam causar tantos transtornos. Brigar sobre quem ia lavar a louça, chamar uma babá, escolher que vídeo alugar, lavar a roupa, limpar o vômito do gato, ou quem deveria pedir desculpas primeiro, agora parece muito pequeno e insignificante. Hoje sei que a prolongada luta por poder, que envolvia essas questões, persistiu porque nossos corações não estavam unidos.

Durante minha luta contra o câncer, Charlie e eu conseguimos ficar ainda mais abertos, aceitando um ao outro e a nós mesmos. Isso fez muita diferença. Fiquei fraca por causa da quimioterapia, e também devido ao meu intenso medo de morrer. Charlie ficou aterrorizado com a possibilidade de me perder tão cedo na vida. Não estávamos prontos para perder um ao outro, principalmente após ter trabalhado tanto para chegar aonde estávamos. Durante os vários meses de tratamento, Charlie ficou bem próximo a mim. Ele demonstrou, de todas as formas possíveis, o quanto me amava: me tocava freqüentemente, segurava minha mão, me abraçava, ficava horas me ouvindo falar dos meus pensamentos e sentimentos, e falava comigo do fundo do seu coração.

Apenas as questões mais significativas eram registradas por nosso radar. Questões triviais não tinham peso. Frente à morte, só as questões de amor e cuidados tinham importância para nós. Tenho certeza de que se meu diagnóstico tivesse acontecido em uma das épocas de instabilidade em nosso casamento, o choque do câncer o teria destruído. Eu teria decidido ir embora para salvar minha própria vida. Ainda bem que a doença surgiu quando éramos fortes o suficiente para encararmos juntos o desafio. Tivemos outras crises e dificuldades nos últimos anos, e lidamos com elas dando atenção ao que é mais importante na vida, com a graça de estarmos profundamente conectados a nós mesmos e um com o outro.

90

*A crítica construtiva
em geral não constrói*

CHARLIE: "Posso lhe dar uma opinião construtiva?" Se seu parceiro lhe fizer esta proposta, cuidado. Na maioria das vezes, essa oferta, aparentemente inofensiva, encobre uma intenção não tão oculta de não apoiá-lo. O que costuma estar por trás da oferta de crítica construtiva é um desejo de aconselhar, criticar, julgar ou controlar a outra pessoa, através de uma opinião que eleva o orador a uma posição superior. O que eu costumava chamar de "crítica construtiva" em geral não passava de críticas ou advertências que faziam Linda sentir-se menosprezada ou inferiorizada. Embora eu insistisse que só estava "dizendo isso para te ajudar", minhas palavras raramente surtiam esse efeito. Freqüentemente, Linda se retraía quando eu oferecia essa "ajuda". Por fim, me disse para guardar minha opinião para mim mesmo, a não ser que ela a pedisse.

Às vezes eu dizia a Linda que ela não devia se sentir menosprezada, o que era tão pouco produtivo quanto uma crítica, e então entabulávamos um diálogo que geralmente terminava com os dois sentindo-se frustrados e mal-entendidos. O problema costumava estar mais relacionado com o que estava motivando minhas palavras do que com as palavras em si. Ao criticar Linda, sob o disfarce de opinião construtiva, eu estava negando seus sentimentos e pensamentos. Eu sempre me via como estando certo, e achava que, se Linda tivesse algum juízo, devia me ouvir e levar minhas palavras a sério. Não é de admirar que ela odiasse ouvir minha opinião. Nela estavam embutidos julgamentos, culpas e conselhos não solicitados. Ela estava certa em confiar em si mesma e recuar ante minhas opiniões. No íntimo, ela sabia que, apesar das minhas palavras, minha intenção não era confiável.

Hoje em dia, costumo desconfiar das minhas intenções sempre que sinto um forte desejo de fazer críticas ou dar conselhos a Linda, ou a qualquer outra pessoa. Em vez de agir sob o primeiro impulso, paro por um instante e me pergunto o que estou querendo conseguir, e do interesse de quem estou realmente cuidando. É da outra pessoa ou do meu ego disfarçado? Se, após refletir, me parecer que estou preocupado em servir à outra pessoa e tiver motivos para acreditar que a pessoa quer minha opinião, eu a ofereço com o mínimo de julgamento possível. Se eu não confiar na minha motivação, fico de boca calada. Às vezes, a coisa mais amorosa e útil que podemos fazer é resistir à tentação de dar opinião, reconhecendo que tal crítica não seria nada construtiva, e, em vez disso, oferecer nossa atenção interessada e amorosa.

91

*A capacidade de sentir alegria
cresce na mesma proporção da
capacidade de sentir dor*

Nossa amiga Jody se dedica a ir atrás de tudo que possa lhe dar mais prazer e alegria, e com a mesma dedicação evita tudo que possa lhe causar problemas ou infelicidade. Suas frases favoritas são: "Procure a alegria", "Escolha ser feliz" e "Medo não passa de uma palavra de quatro letras". Se conheço alguém que está "em busca da felicidade", essa pessoa é Jody.

Mas a vida de Jody é tudo, menos bem-aventurada. Em sua busca pela felicidade, ela evita religiosamente "qualquer coisa ou pessoa que me faça sentir mal, triste ou com raiva". Ela rompe as relações amorosas ou de amizade na primeira dificuldade (e dificuldades sempre aparecem nas relações). Ela está sempre tentando alegrar as pessoas porque não tem a mínima tolerância para com suas lutas e sofrimentos. Ela sai dos empregos quando ficam estressantes, em vez de aprender a lidar com o estresse. O problema com a estratégia de vida de Jody é que, por ter pouca experiência em trabalhar o lado sombrio da vida, sua capacidade de vivenciar a verdadeira felicidade é muito diminuta.

A vida e as relações vêm em um pacote que inclui sol *e* chuva. Na mesma medida em que tentamos evitar ou excluir o que nos traz infelicidade, nossa capacidade para a alegria é igualmente limitada. São os sentimentos intensos, bons e ruins, que ampliam nossos corações, abrindo-os mais ainda, e aprofundam nossa capacidade de viver inteiramente e sentir alegria, assim como nossa ligação com o parceiro. Como as fibras de músculos rompidas por exercícios físicos intensivos, que são tratadas para se tornarem mais fortes e resistentes do que antes, a capacidade do coração de guardar sentimentos fortes e profundos se expande quando abraçamos, em vez de resistir, toda a dimensão das nossas emoções. Assim, vamos aumentando nossa capacidade de lidar com os sentimentos mais fortes, bons ou ruins. A força e o apoio de ajudantes e amigos amorosos, que podem entender nossa situação, também nos ajudam a nos aprofundar. Essa qualidade flexível do coração nos permite e convida a nos mantermos abertos, mesmo nos momentos mais difíceis.

A recusa de Jody, de entrar em contato profundo com seus sentimentos, reflete seu medo de ser consumida por eles. Tentar evitar sentimentos dolorosos a deixou pouco equipada para lidar com eles. Quando estamos dispostos a arriscar o encontro com nós mesmos, de forma aberta e destemida, construímos a coragem e a confiança necessárias para saudar todo o alcance e a profundidade das nossas experiências emocionais. Ao fazer isso, nosso coração se abre para abarcar júbilo muito maior do que poderíamos conhecer se o mantivéssemos defendido e fechado.

92

*Nada é mais eloqüente
que o silêncio de quem
escuta de verdade*

CHARLIE: Assim como vários outros homens, cresci acreditando que era minha função manter minha mulher feliz. Isso significava descobrir o que a estava incomodando, quando ela parecia estar aborrecida, e fazer algo a respeito: dar conselhos, trocar a lâmpada, explicar as coisas, gritar com o vendedor da loja que foi mal-educado com ela, arrumar o apartamento, o que fosse necessário fazer para ela se sentir melhor. Cresci, me casei, e usei essa estratégia no meu casamento. Às vezes funcionava, e Linda acabava sentindo-se melhor, mas em muitas ocasiões o resultado era outro. Quando Linda não apreciava meus esforços e conselhos, eu ficava ressentido e sentindo-me menosprezado. Afinal, eu não estava dando o que ela queria e precisava? Por que então ela se dava ao trabalho de me contar que estava aborrecida com algo, se não queria que eu fizesse nada?

Um dia, durante uma crise de frustração, fiz esta pergunta a Linda. Acabávamos de sair de uma festa na qual ela se sentiu esnobada por um dos convidados. Enquanto Linda expressava seus sentimentos, eu já estava ensaiando minha resposta. Eu estava dirigindo, ouvindo o rádio, ouvindo Linda e ouvindo minha estratégia mental para *dar um jeito* nela, de forma que se sentisse melhor e que eu, mais uma vez, me sentisse como um marido competente e útil.

Antes de Linda terminar de me contar como estava se sentindo, a interrompi oferecendo meu insight e conselho. É claro que minha intenção era fazê-la ver que não deveria levar as coisas num nível tão pessoal. Eu disse que era óbvio que o cara na festa era um imbecil, e que a opinião dele não devia significar nada para ela, então, por que não me escutava e deixava isso pra lá? Estas podem não ser as palavras exatas que usei, mas foi mais ou menos isso. A resposta de Linda foi: "Não é isso que eu preciso ouvir. Isso não faz com que eu me sinta melhor." Não era isso o que *eu* queria ouvir. Respondi: "Se você não quer que eu tente fazer com que você se sinta melhor, por que então está me contando?"

Eu não disse isso como uma pergunta, e também não falei de forma carinhosa. A mensagem subjacente era: "Que droga! Qual o seu problema? Aqui estou eu tentando atender ao seu pedido de ajuda e tudo o que você consegue fazer é dizer que minha contribuição não é boa o suficiente! O que você quer de mim então?" Minha raiva estava tão óbvia que Linda se recusou a continuar a discussão enquanto estávamos dirigindo, insistindo em retomar a conversa quando chegássemos em casa. Isso me deixou mais furioso ainda, mas como Linda se recusou a continuar, fui soltando fumaça até em casa.

Eu ainda estava aborrecido quando chegamos, mas no silêncio dos últimos vinte minutos me conscientizei do que estava realmente sentindo: a dor e a rejeição por baixo do meu ressentimento. Eu já tinha esfriado a cabeça o suficiente para poder ouvir Linda sem ficar na defensiva. Subimos para nosso quarto e nos sentamos. Ela falou primeiro.

— Sinto muito que você esteja tão aborrecido com o que eu disse, mas é importante para mim que você entenda o que realmente estou precisando agora. Não quero que você me diga algo que mude meus sentimentos. Só quero sentir que você está comigo, que você entende o que estou passando para que eu não fique tão sozinha com minhas emoções. Quero sentir você *comigo*. Quero toda a sua atenção. No carro, tinha tantas outras coisas acontecendo que senti estar recebendo apenas uma lasquinha da sua atenção, mas o que eu queria era *toda* ela, todo *você*. Eu devia ter esperado chegarmos em casa para falar disso, mas estava ansiosa para te contar, não para você dar um jeito na situação, apenas para me sentir ouvida e compreendida por você, e sentir nossa união. Era disso que eu precisava. É isso que ajuda de verdade.

— Então você não quer que eu o ajude a se sentir melhor, ou a ver as coisas de outra forma, se eu achar que isso pode ser útil para você? — perguntei, ainda magoado e na defensiva.

— Não é isso que estou falando. Às vezes quero sim que você me dê sua opinião, e muitas vezes, quando você faz isso, me ajuda muito. Mas dessa vez eu só queria toda a sua atenção, porque na realidade é isso que me conforta. Quando você está ocupado demais, tentando bolar a resposta "certa", não sinto você unido a mim. Quando eu quiser seu conselho ou ponto de vista, eu digo. Se eu não pedir, então entenda que não é isso que quero. Eu só quero que você me mostre que está comigo.

Finalmente, comecei a ouvir o que Linda estava dizendo. Houve um momento de quietude entre nós, um sentimento de união e amor. Linda pegou minha mão. Senti gratidão pelo momento e mudei minha forma de pensar. Eu não tinha que resolver os problemas dela ou eliminar sua dor, precisava apenas ficar aberto a ela e me deixar sensibilizar por seus sentimentos. Eu a abracei, com gratidão e amor. Essa não foi a última vez em que precisei ser lembrado por Linda que eu não tinha que consertar as coisas para ela. Afinal, os padrões de toda uma vida não desaparecem da noite para o dia. Mas essa foi a última vez que fiquei com raiva dela por me lembrar que eu não precisava "fazer" nada, a não ser deixar tudo mais de lado para estar com ela por inteiro. Hoje, quando ela me interrompe, sinto-me aliviado e não criticado, e ambos concordamos que estou me tornando um ouvinte de alta qualidade.

93

*Os conflitos externos
costumam expressar
conflitos internos*

LINDA: Como ocorre na vida dos vários casais com quem já trabalhamos, uma área de grande conflito para nós tem sido a criação de nossos filhos. Meu conceito de disciplina, por exemplo, é muito diferente do de Charlie. Ele sempre foi contra bater e sua tendência geral é a de mínima interferência. Ele diz que sua atitude é "tranqüila". Eu a chamava de "permissiva demais". Eu, por outro lado, sempre fui mais severa e rígida. Sinto-me "responsável". Ele diz que sou "controladora".

Com o tempo, reconhecemos que nossas perspectivas divergentes nos ajudaram a proporcionar um ambiente familiar mais equilibrado do que poderia ter sido em caso contrário, e acabamos apreciando nossas diferenças, em vez de tentar eliminá-las. Uma das conseqüências diretas dessas diferenças foi a dificuldade de fazermos com que as crianças ajudassem nas tarefas do lar. Charlie não se opunha aos meus esforços para fazê-las ajudar, mas tampouco tinha a postura que eu acreditava ser necessária. Conseqüentemente, as crianças quase sempre escapavam das tarefas (na minha opinião), e eu estava sempre me sentindo sobrecarregada e ressentida. Uma das minhas queixas habituais era: "Eu preciso de mais ajuda de vocês. Eu trabalho fora, preparo a maior parte das refeições e ainda lavo a louça." Charlie dizia que concordava, mas não tomava nenhuma atitude. Eu me sentia como uma mula carregada, com alforjes cheios.

Em determinado momento, me deu um clique. Eu estava discutindo com Charlie, pedindo-lhe para mandar Jesse lavar a louça que usou, quando percebi qual era o problema. A briga verdadeira ocorria dentro de mim. Alguma parte minha ainda estava tentando ser uma mãe do tipo "leite e biscoitos", que cozinha e lava a louça, uma dona-de-casa como minha própria mãe, embora, diferentemente dela, tivesse uma carreira em tempo integral. Dois aspectos da minha personalidade se digladiavam dentro de mim. Então convoquei uma reunião de família. Coloquei uma tabela na porta da geladeira designando tarefas diárias, de cozinhar e lavar louça, para cada membro da família. E disse: "Não vou cozinhar, exceto nos dias designados a mim, e não vou lavar louça, exceto nos dias designados a mim." Minha voz tinha tom de decisão, e todos entenderam.

É claro que fui testada, e algumas vezes ficamos todos sentados à volta da mesa sem nada para comer, enquanto alguém se mexia para fazer uma refeição na última hora. Mas após o tempo de transição, a tabela de cozinhar e lavar a louça começou a funcionar. Foi um dia feliz quando Charlie disse brincando: "Não toque nessa panela, essa louça é de Sarah."

94

*Uma das melhores perguntas
que você pode fazer para seu parceiro é:
"Como posso amá-lo melhor?"*

Uma tarde de agenda totalmente lotada demonstrou que pessoas diferentes precisam de coisas totalmente diferentes para se sentirem amadas. Na primeira sessão, Claire chorou muito por não se sentir amada por seu marido, Matt. Ele, por sua vez, expressou surpresa e frustração, dizendo que não conseguia entender por que ela estava assim. Após várias perguntas, Claire, ainda fungando, disse: "Você nunca diz que me ama." Matt achava que ter um trabalho bem remunerado, sustentar a família e todas as outras decisões que tomava eram suficientes para demonstrar seu amor pela esposa. Ele sabia o quanto a amava, e achava que ela também o soubesse. Ele era introvertido e tímido, não estava acostumado a falar dos seus sentimentos abertamente. Durante a sessão, meio sem jeito e com bastante esforço, ele conseguiu dizer: "Eu te amo." As palavras foram como música para os ouvidos de Claire. Havia anos ela não as ouvia.

O casal seguinte entrou discutindo o mesmo assunto. Jeanette revelou que não se sentia amada por seu marido, Patrick. Ela disse: "Você está sempre dizendo que me ama, mas não demonstra isso com suas atitudes. Eu odeio ter que ficar catando suas coisas o tempo todo. Queria que você pegasse suas meias, pusesse sua louça suja na pia e parasse de deixar suas toalhas molhadas em cima da cama. Você diz que me ama, mas parece que não ouve nada do que eu digo!" Era óbvio que ela não queria palavras. Ela queria atitudes!

Cada um tem sua forma de se sentir amado. Nossa tendência é a de dar o que queremos receber. É difícil não ser subjetivo. Os casais sábios se lembram de perguntar um ao outro, de prestar atenção, e geralmente tomam as atitudes corretas de acordo com o que ouvem.

95

*Há mais ganho em compreender
o mundo do seu parceiro do que em
tentar fazê-lo compreender o seu*

LINDA: Certa vez, no meio de uma das nossas primeiras discussões, Charlie de repente olhou no fundo dos meus olhos e perguntou: "O que você precisa de mim neste momento? Eu realmente quero saber." Sua reação súbita e repentina me pegou desprevenida e, sem dúvida, conseguiu toda a minha atenção. Não havia raiva nem julgamento na voz dele, apenas o desejo sincero de me conhecer melhor naquele momento. Fiquei desarmada e emocionada, como se pudesse chorar. "Apenas me abrace. Me segure em seus braços", disse eu. Sem palavras, ele respondeu me envolvendo em seus braços carinhosamente. Com essa sua atitude, o motivo do meu incômodo simplesmente foi dissipado. Foi como um bálsamo sobre uma ferida. De um minuto para outro, tudo ficou melhor. Não foram as palavras, mas a maneira de falar, a sensibilidade dele. Reconhecendo meu desconforto, ele me demonstrou seu carinho. Ele se estendeu até meu mundo, com sinceridade e curiosidade. Ele queria me conhecer, e não apenas me fazer calar. Eu senti isso, e foi como água para alguém morrendo de sede.

Já tínhamos percorrido a maior parte da distância até onde eu queria que nossa relação se fixasse, conectados de coração a coração. Senti-me aceita com minhas necessidades, e senti gratidão pelo fato de a pessoa mais importante da minha vida se importar o suficiente, ser grande, forte, amorosa o suficiente para querer saber quais eram minhas verdadeiras necessidades e tentar supri-las. Eu não estava mais sozinha.

96

*Um casamento amoroso pode
curar feridas emocionais antigas com mais
eficácia do que a melhor das terapias*

CHARLIE: Quando a psicoterapia é boa, promove uma relação calorosa e compreensiva, por meio da qual podemos ver nossos sentimentos e a nós mesmos honestamente, de uma forma que nos permite curar feridas antigas e aceitarmo-nos como somos. O que promove esse processo é o ser do terapeuta e não sua filosofia e orientação. Os melhores terapeutas não se destacam por seus diplomas ou credenciais, mas por sua habilidade de se chegar sem julgar, com abertura, autenticidade e compaixão. Não se aprende essas qualidades na universidade, elas são cultivadas propositalmente, por escolha e experiência de vida.

Embora o casamento não exija assumirmos o papel de terapeuta, ele exige que as duas pessoas desenvolvam as qualidades pessoais de um bom terapeuta. Poucas pessoas iniciam um relacionamento com esses atributos já totalmente desenvolvidos, e o casamento nos dá o contexto perfeito para explorarmos e enriquecermos esses aspectos pessoais.

O compromisso de Linda em se tornar uma pessoa mais amorosa me ajudou a me aceitar de uma forma que eu não teria conseguido fazer sozinho. Sua boa vontade de me ver (nem sempre, mas freqüentemente) com um olhar de compaixão e aceitação conseguiu anular a crítica negativa profundamente arraigada que eu fazia a mim mesmo. Com o tempo, comecei a me ver através do olhar dela, conseguindo perdoar as falhas pessoais que percebia, e aceitando minhas "imperfeições". Isso me permitiu sentir uma auto-estima genuína, pela primeira vez em minha vida adulta.

A capacidade de Linda de estender-se amorosamente foi crescendo com o tempo e com a prática. E enquanto foi crescendo, fui ficando cada vez mais capaz de retribuir essa dádiva com gratidão, e de ajudá-la a transformar sua própria auto-imagem de forma semelhante. Embora o casamento não seja um substituto para o aconselhamento ou para a terapia, nós dois somos prova viva de que ele pode promover um processo de amadurecimento profundo e poderoso.

97

*Apenas continue
falando*

LINDA: Certa vez, quando estava voando para Little Rock, Arkansas, me vi sentada ao lado de uma mulher mais velha no avião. Lembro-me de seu olhar bondoso e inteligente. Iniciamos uma conversa e ela ficou encantada ao saber que eu ia promover um workshop para casais. Ela ia dar um seminário sobre perdão. Percebendo que tínhamos muito em comum, rapidamente nossa conversa ficou bastante animada. Quando eu disse que geralmente ministrava esses cursos em dupla com meu marido, seu humor mudou e ela ficou melancólica. Disse que seu marido havia morrido há quatro anos e que sentia muita falta dele. Eles haviam sido casados por 46 anos. Seus olhos estavam cheios de lágrimas enquanto falava, e fiquei profundamente tocada pela abertura com que contava da beleza de sua vida com ele.

Em determinado momento perguntei: "Qual era o segredo do seu casamento duradouro e feliz?" Ela respondeu sem hesitar: "Continue falando." "Desculpe, não entendi", disse eu, esperando uma explicação. E ela repetiu: "Apenas continue falando. Não importa quão tarde seja, não importa quão frustrada você esteja, não importa quão cansada esteja, não importa o que você preferisse estar fazendo. Se vocês não estiverem se sentindo bem, um em relação ao outro, apenas continue falando até se sentirem bem." Nós rimos e prometi que diria isso à minha turma. Eu a citei naquele fim de semana, e muitas outras vezes desde então.

É tão comum os casais desistirem, resignados, quando não são entendidos. Há tantos mal-entendidos e distorções, tabus, sensibilidades feridas e oportunidades perdidas. Às vezes temos que conversar sobre o mesmo assunto cem vezes, de diferentes maneiras, a partir de diferentes pontos de vista, antes de conseguirmos chegar à compreensão verdadeira. Cada conversa pode ser como aparar as arestas quando ficamos enganchados. O segredo parece estar em não desistir. "Apenas continue falando!" é sabedoria simples e profunda.

98

*Não há problema em presumir,
contanto que você verifique com
o outro antes de agir*

Sandy e Bay estavam juntos havia três anos. Na maior parte do tempo, viviam em total felicidade. Eram um casal com muitas compatibilidades. Tinham temperamentos tranqüilos e interesses semelhantes, e grande consideração um pelo outro, eram amorosos, carinhosos, e o sexo era ótimo. Falavam abertamente e com muita alegria sobre a idéia de se casarem.

Contudo, havia um problema: nunca haviam conversado sobre ter filhos. Sandy simplesmente presumia que, como tudo mais na relação deles era tão tranqüilo, quando chegasse a hora de casar e ter filhos, isso também aconteceria de forma natural. Quando Bay disse: "Não tenho a mínima intenção de ter filhos", Sandy ficou chocada e sem palavras. Ela nunca perguntara, sempre presumira. Ela disse a Bay que para ela era impensável abrir mão de ter filhos, e que então teria que romper o relacionamento. Ele não protestou. Foi uma amarga lição.

Nem todos os casos são tão dramáticos quanto o de Sandy, mas uma série de pequenas presunções erradas também pode ocasionar brigas e frustração. Fazer perguntas esclarecedoras ao seu parceiro e ser claro nas suas posições permite um entendimento mais abrangente.

99

*Os casamentos podem
manter seu viço, mesmo
com o passar do tempo*

Madelyn e Steve participaram de um workshop que ministramos há muitos anos. Madelyn se vestia de forma conservadora e não usava maquiagem. Ela era bibliotecária, Steve, contador, e estavam casados havia 22 anos. Embora na superfície não houvesse nada que chamasse muita atenção em relação ao casal, eles tinham uma vitalidade especial entre si que era evidente a todos. Gostei tanto de uma história que me contaram durante um intervalo do workshop que pedi a eles para repeti-la para a turma.

Enquanto Steve estava em uma viagem de negócios por duas semanas, Madelyn aproveitou o tempo para refletir um pouco sobre como os casamentos podem cair no esmorecimento e na previsibilidade. Ela sabia que estava na hora de fazer algo incomum para dar novo ar à relação deles. Ela foi à casa de uma amiga para pegar emprestadas umas roupas que diferiam totalmente da sua personalidade. Embora tivesse pernas longas e bem feitas, não tinha sequer uma minissaia. Sua amiga lhe emprestou uma saia bem curtinha, um sutiã acolchoado que fazia subir os seios, uma miniblusa bem decotada, meias de náilon rendadas e sapatos de salto alto. Ela alugou uma peruca loira e comprida, e colocou longas unhas postiças pintadas de esmalte roxo.

No dia da chegada de Steve, ele estava planejando pegar o ônibus de conexão do aeroporto, como de costume. Mas Madelyn apareceu no aeroporto com suas roupas ousadas, peruca, muito maquiada e unhas roxas. Quando Steve desceu do avião, ela foi ao seu encontro e falou com um sotaque australiano totalmente convincente: "Quer um encontro, companheiro?"

Steve nos jurou que não sabia que era Madelyn. Ele disse ter sentido que havia algo vagamente familiar naquela mulher, como se talvez já a tivesse visto em algum lugar. Ele apenas sacudiu a cabeça e continuou andando em direção à esteira de bagagem. Ela insistiu e continuou a falar com ele, com o sotaque australiano. Steve finalmente percebeu. Eles relataram com alegria que não foram direto para casa quando saíram do aeroporto. Em vez disso, foram para um motel e tiveram uma noite e tanto! Nós entendemos o recado.

Há muito o que aprender com a história de Madelyn e Steve. Precisamos estar atentos ao nosso relacionamento, não permitindo que a rotina e a previsibilidade tomem conta dele. Para manter uma relação viva, temos que sair do nosso personagem habitual de tempos em tempos, e dar e receber as dádivas da novidade e da inovação.

100

*Só intenção pode
não bastar, mas
é o mais importante*

LINDA: Em muitas ocasiões, me senti confusa e perdida, sem saber como reparar uma rusga entre Charlie e eu. Já estive a ponto de transbordar de raiva, tristeza, ou alguma outra emoção forte. Possuída por tais sentimentos, não conseguia pensar direito. Sentia-me como um barquinho saltando ondas para baixo e para cima em uma tempestade, tentando desesperadamente retornar ao porto em segurança. O "porto" podia significar fazer as pazes com Charlie, me sentir segura e em paz comigo mesma ou simplesmente ficar livre do sofrimento e da confusão. Às vezes, tudo o que eu tinha era minha intenção. Meu compromisso era o de ter um relacionamento saudável, de estar próxima a Charlie e ainda estar inteira comigo mesma. No início do nosso casamento, é claro que eu não sabia muito bem como conseguir isso. Mas tinha minha intenção, e não abri mão dela.

Lembro-me de discutir sobre uma das nossas várias diferenças irreconciliáveis. Eu queria que nós dois viajássemos sozinhos no fim de semana, e Charlie queria que as crianças fossem também. Meu maior compromisso era o de ter respeito e cooperação em nosso casamento, então me agarrei à minha intenção como ao mastro de um navio, para que a tempestade não me lançasse ao mar na escuridão da noite. Consegui me manter firme e aberta à opinião de Charlie, sem ser seduzida pela vontade de ganhar a briga. Continuamos falando até concordarmos em tirar dois finais de semana de férias, um com as crianças e outro sem. E a discussão não se deteriorou em uma luta por qual viagem faríamos primeiro. Não fomos lançados ao mar.

Durante uma tempestade muito violenta, podemos até ter que nos amarrar ao mastro. É fácil perceber como os desafios de um relacionamento podem nos lançar ao mar. Se não tivermos boas técnicas de comunicação para expressar a verdade de nossa experiência, podemos cair na água. Se não conseguirmos negociar com nosso parceiro e responder às suas necessidades, podemos cair na água. Se não aprendermos a ser fortes e corajosos o suficiente para manter nosso equilíbrio quando surge o imprevisível, podemos cair na água. Se ficarmos tensos, rígidos e inflexíveis, lá vamos nós ao mar. Há habilidades a serem aprendidas, e quando as aprendemos, é provável que a viagem seja muito divertida.

A navegação através das tempestades já nos levou a mil lugares. Meu firme compromisso de criar intimidade com Charlie e meu profundo propósito de manter-me fiel a mim mesma me ajudaram a atravessá-las. A intenção tem um poder impressionante, maior do que podemos imaginar. Ela nos ajudou a atravessar mares bravios, e, não fosse ela, certamente teríamos afundado ou morrido na praia.

101

A quantidade de alegria e satisfação disponível em uma parceria amorosa é bem maior do que se pode imaginar

CHARLIE: Abraham Maslow foi um psicólogo humanista que frisava a importância de se estudar não apenas as pessoas que sofrem de problemas mentais, mas também aquelas que melhor exemplificam a grandiosidade que os humanos podem alcançar. Ele usou o termo "auto-atualização" para referir-se ao nível mais alto de desempenho que uma pessoa é capaz de atingir. Ele defendia que, em condições favoráveis e com motivação suficiente, uma pessoa pode realizar seu potencial mais elevado.

Para desenvolver nossas capacidades latentes, precisamos de "olhos que acreditam". Precisamos ter ao nosso redor aquelas pessoas que enxergam a beleza, o talento e as possibilidades que não conseguimos ver em nós mesmos, pessoas que nutram nossas melhores qualidades e que estejam dispostas a nos confrontar em relação às nossas áreas menos desenvolvidas. Precisamos de chão fértil para florescer totalmente. Meu amigo Seymour diz que cada um de nós é como um diamante perfeito, coberto de terra. São a fricção, a agitação, a luta e o conflito dos relacionamentos que fazem o polimento, removendo a sujeira da superfície do diamante.

Nesse processo de transformação, não nos tornamos alguém diferente de quem somos, mas incorporamos mais plenamente nossa natureza básica. Nosso parceiro pode não apenas nos acompanhar nesse processo, mas também nos ajudar a alcançar estados que desconhecíamos anteriormente. Minha vida hoje tem qualidades de confiança, alegria, prazer e tranqüilidade inimagináveis para mim há apenas dez anos. É muito além de qualquer coisa que eu acreditava ter o direito de esperar. Hoje em dia, o maior desafio é permitir que essas experiências cresçam mais ainda e que possam ser compartilhadas com mais e mais pessoas. Agora consigo ver que isso é possível para qualquer um que escolha embarcar nessa incrível jornada de despertar. Está disponível a todos, não apenas àqueles que vêm de famílias felizes ou são brilhantes ou dotados, contanto que se tenha a intenção de aprender mais sobre si mesmo e suas relações com os outros.

Minha resposta mais freqüente à pergunta "Por que você agüentou tanta dor e dificuldade no início do seu casamento?" é "Porque eu sabia que valeria a pena!". Estou convencido de que haveria muito menos divórcios se os casais pudessem de alguma forma vislumbrar as recompensas que esperam por aqueles que não desistem e fazem o necessário para criar em conjunto um casamento verdadeiramente amoroso. O problema com a maioria de nós não é que desejamos demais do casamento, mas que esperamos muito pouco dele. Na maior parte das vezes, subestimamos demasiadamente as possibilidades de amor, alegria, liberdade e totalidade que duas pessoas podem gerar nesse processo, para si, um para o outro e para o mundo ao seu redor. A verdadeira pergunta não é "Quanta dor você está disposto a tolerar?" mas "Quanto prazer você está disposto a vivenciar?".

Entre em contato conosco

Algumas das histórias que vocês leram neste livro foram oferecidas por amigos. Nós adoraríamos ouvir sua história, e o convidamos a contribuir com alguns insights que já tenha dito em seu casamento. Poderemos usá-los em um artigo ou livro futuros, e garantimos dar-lhe os devidos créditos.

Para enviar uma história ou para obter informações sobre o Bloomwork, incluindo cursos, fitas, publicações e calendário de nossas atividades, ou para ser integrado a nossa mala direta, por favor entre em contato com:

Bloomwork
Caixa Postal 2187
Sonoma, CA 95476
Telefone: 707-939-1139
Website: www.bloomwork.com

OUTROS TÍTULOS PUBLICADOS PELA
EDITORA BESTSELLER:

DESCOMPLIQUE A RELAÇÃO,
de Robin Prior e Joseph O'Connor
Estratégias simples para fazer seus relacionamentos darem certo
Você sabe o que faz um relacionamento dar certo? Sabe como escolher alguém que realmente combine com você? *Descomplique a relação* reúne estratégias simples para aprimorar os relacionamentos pessoais e amorosos por meio de técnicas de programação neurolingüística. Joseph O'Connor é palestrante requisitado e vive em São Paulo.

O PODER DOS CONFRONTOS POSITIVOS,
de Barbara Pachter e Susan Magee
As habilidades que você precisa para lidar com conflitos no trabalho, em casa e na vida
Especialistas norte-americanas em relacionamentos mostram como lidar com situações de conflito nos campos profissional e pessoal, abordando temas como as estratégias que podem garantir o controle em negociações importantes, os diferentes estilos de confrontação e o modo como avaliar motivos e atitudes de adversários.

Este livro foi impresso no
Sistema Digital Instant Duplex da Divisão Gráfica da
DISTRIBUIDORA RECORD DE SERVIÇOS DE IMPRENSA S.A.
Rua Argentina, 171 - Rio de Janeiro/RJ - Tel.: (21) 2585-2000